«VARIA»

ERIC O'GREY
con MARK DAGOSTINO

CAMMINANDO
CON PEETY

Traduzione di Dade Fasic

Sperling & Kupfer

Le informazioni contenute in questo libro non intendono sostituirsi al parere professionale di un medico. L'utilizzo di qualsiasi informazione qui riportata è a discrezione del lettore. Per ogni problema specifico di salute si raccomanda di consultare uno specialista.

Realizzazione editoriale a cura di Oltrepagina.

Walking with Peety
Copyright © 2017 by Eric O'Grey
© 2017 Sperling & Kupfer Editori S.p.A.

ISBN 978-88-200-6374-0

I Edizione ottobre 2017

Anno 2017-2018-2019 - Edizione 1 2 3 4 5 6 7 8 9 10

A Peety

Non ho mai saputo cosa fosse l'amore, finché non mi hai mostrato il senso autentico dell'amore incondizionato.

Non ho mai saputo cosa fosse l'amicizia, né mi sono mai curato di nessuno all'infuori di me, finché non mi hai mostrato il significato autentico dell'altruismo.

Non ho mai saputo cosa fosse la responsabilità, finché non ti sei preso la responsabilità di me.

Sono un uomo migliore sotto ogni aspetto grazie a quello che mi hai insegnato.

Aspettami al ponte, sulla riva del fiume. Fai il bravo e gioca sul prato, tra i fiori, e quando ci rivedremo attraverseremo il ponte insieme verso la prossima vita.

Ti voglio un bene immenso e ti ricorderò ogni singolo giorno della mia vita.

Indice

Introduzione

Luci e ombre

SE passeggi da solo la sera tardi in una città, lampioni e insegne luminose non sono poi così rassicuranti: tutta quella luce non fa altro che rendere più bui gli angoli bui, proiettando lunghe ombre che nascondono chissà cosa. Suppongo vi siano due modi per contrastare il buio: girare sempre con una torcia in tasca, o non girare mai da solo. Io non ero mai solo: Peety era sempre con me.

Quel vecchio cane abbandonato mi aveva condotto in un viaggio molto più lungo di tutti i giri e le gite che ero riuscito a regalargli nei cinque anni trascorsi insieme. Ero perfettamente consapevole di come mi avesse aiutato a iniziare una nuova vita, che speravo di continuare per sempre. Anch'io lo avevo aiutato a rinascere, ed è per questo che quella sera era penoso osservarlo camminare: anche se scodinzolava e aveva gli occhi luminosi come sempre, procedeva un po' più lento del solito. Non sembrava nulla di grave, un estraneo avrebbe detto che era in salute, ma nell'attimo in cui eravamo usciti dal nostro edificio avevo visto che faticava a tenere il passo abituale, quello che avevamo stabilito durante le nostre innumerevoli passeggiate insieme. Feci un rapido calcolo e conclusi che insieme avevamo fatto circa duemila giri, camminando come minimo per mezz'ora ogni mattina e ogni sera, più molte altre volte durante la giornata, per tanti anni: il totale era una marea di impronte sul marciapiede. Sapevo che un cane di taglia media vive dai dieci ai tredici anni, e sapevo più o meno quanti anni aveva lui: la soglia era già stata superata. Tuttavia non potevo in alcun modo crederlo troppo vecchio per rallentare il passo: era troppo allegro, entusiasta, dolce e pieno di vita per pensare che fosse al «tramonto». Inoltre, eravamo entrambi troppo felici per avere pensieri così cupi.

A Seattle vivevamo come due pascià. Avevamo un appartamento in un palazzo del centro, con una vista mozzafiato sulle luci della città, le imbarcazioni ormeggiate nello Stretto di Puget e persino le partite di football dei Seattle Seahawks nel CenturyLink Field. Dall'alto del quattordicesimo piano, Peety abbaiava ai minuscoli cagnetti che passavano sul marciapiede di sotto, solo per far capire loro chi comandava da quelle parti. Aveva persino il suo balcone privato, con tanto di zona erbosa, per respirare un po' d'aria fresca o fare i bisogni senza aspettare le lunghe discese in ascensore.

Una squadra di obbedienti esseri umani si presentava ogni due settimane per ripulire e ripristinare il suo angoletto di erba fra le nuvole, come se fosse un re con la sua piccola corte di sudditi fedeli. Era una vita magnifica. Oltre a tutto ciò aveva una famiglia, anzi *avevamo* una famiglia: la mia ragazza Melissa e i suoi due figli lo adoravano – *ci* adoravano. Che altro può desiderare dalla vita un cane – o anche un uomo, direi?

Ecco cosa mi ripetevo mentre cercavo di ignorare l'insolita lentezza del suo passo.

«Oh che bel cane», disse un'affascinante ragazza quando girammo l'angolo.

«Grazie», risposi senza fermarmi. Eravamo abituati a quel tipo di attenzioni. Peety era davvero bello, di taglia media (arrivava al ginocchio) e il pelo bianco e nero. Le donne lo trovavano irresistibile. Un paio di anni prima forse mi sarei fermato e avrei lasciato che quella ragazza lo accarezzasse un po'. Sarebbe stato un ottimo modo per fare conoscenza, ma in quel momento io e Peety eravamo entrambi troppo felici nella nostra relazione fissa. Decidemmo di andare verso est, allontanandoci dalla parte più turistica e illuminata di Pike Street, e stavamo per attraversare la Second Avenue quando un mendicante uscì dall'oscurità. Il centro di Seattle è pieno di poveri, alcuni sono senzatetto, altri sono giovani tossicodipendenti. Nella maggior parte dei casi sono innocui, ma quello non lo era. Era grosso e su di giri, e capii subito che non si sarebbe accontentato di qualche spicciolo.

«Hai soldi?» disse.

Peety si fermò di colpo, abbassò il capo, lo fissò e ringhiò.

«Mi spiace. Non con me. Su, andiamo, ragazzo.» Tirai il guinzaglio, ma Peety restò immobile, con i peli del collo dritti. Il ringhio basso e sordo si fece più forte e sonoro.

«Oh, che c'è, quel cane vuole fare qualcosa? Vuole farmi del male?» disse l'uomo alzando la voce e avvicinandosi a me con uno sguardo minaccioso che mi paralizzò. Io e

3

Peety avevamo fatto quel giro centinaia di volte prima di quella sera; ero incredulo per quel che stava accadendo. Istintivamente mi irrigidii, riequilibrai il peso sulle gambe e serrai il guinzaglio con il pugno, preparandomi a lottare. Ero più forte di quanto fossi mai stato e sono abbastanza sicuro che avrei potuto cavarmela. Ma quell'uomo sembrava sotto l'effetto di qualche droga.

«Muoviti!» gridò. «Ti ho detto di darmi i soldi!» Fece per afferrarmi e Peety abbaiò, emettendo il suono più ancestrale e cattivo che avessi mai udito, poi balzò in alto con le fauci spalancate, puntando dritto alla gola dell'uomo. Strattonai il guinzaglio fermando il suo muso a un centimetro dal bersaglio. L'accattone vacillò, per poco non cadde a terra, poi arrancò a quattro zampe e fuggì nell'oscurità. Peety cercò di inseguirlo, tirando il guinzaglio e abbaiando come un matto. Scrutai il buio al suo fianco, cercando di vedere se l'aggressore era ancora lì, se per caso era così stupido da tornare sui suoi passi e affrontare la rabbia di Peety. Una volta assicuratomi che era finita, guardai il mio adorabile ragazzo e iniziai a ridere. Non riuscivo a smettere. Non capivo dove avesse trovato la forza per saltare così in alto e la temerarietà di proteggermi. Aveva fatto un salto di due metri, come una specie di supercane! Gli mancavano solo il mantello rosso e la mascherina.

Guardando ancora l'oscurità, capii e mi scesero le lacrime: ero sicurissimo che avevamo sfiorato qualcosa di terribile. Era stato tutto così inatteso, senza alcun preavviso. Chissà cosa avrebbe potuto fare quell'uomo. Magari aveva un coltello, o una pistola? Aveva uno sguardo di quelli che non vorresti vedere mai. Feci un be! respiro e ringraziai il cielo che non fosse accaduto nulla. Mi sentivo come se avessi appena attraversato la strada sovrappensiero rischiando di essere travolto da un autobus, e un angelo mi avesse salvato afferrandomi all'ultimo istante per la collottola. Appoggiai un ginocchio a terra e accarezzai Peety sul dorso del collo con movimenti lunghi e rilassanti: «Bravo ragazzo, bravo Peety. Va bene ora, va tutto bene».

Quando si calmò, mi rialzai e con voce rotta dissi: «Torniamo a casa».

Peety riprese a camminare, solo che ora, anziché restarmi al fianco, procedeva davanti a me, in allerta, per proteggermi, come faceva all'inizio della nostra avventura insieme. Scossi il capo e mi asciugai le guance con la manica. Mi aveva appena salvato la vita, davvero, il che significava che mi aveva salvato in tutti i modi in cui un uomo può essere salvato.

Molte persone erano commosse dal fatto che lo avessi tolto da un canile. Era una reazione automatica, come se quel semplice gesto di generosità facesse di me una brava persona. Io ogni volta spiegavo che si sbagliavano, che era il contrario: era lui che aveva salvato me.

Quella sera interrompemmo lì la nostra passeggiata quotidiana. Non lo facevamo mai, ma volevo tornare a casa per raccontare a Melissa quello che era accaduto. Fu felicissima di scoprire quanto Peety fosse stato coraggioso. «Bravo ragazzo!» disse, mettendosi a terra per riempirlo di lodi per la sua buona azione. Lui fece un grande sospiro, come se il suo atto eroico non fosse nulla di che, ma per me vedere quei due che si coccolavano significava già molto di per sé. Melissa aveva la fobia dei cani, prima di conoscerci; anche uno dei suoi figli ce l'aveva. Peety non aveva cambiato solo la mia vita; forse avrei dovuto capire che era solo l'inizio.

È strano. Quando ripensi a quei momenti, quando non sapevi che erano gli ultimi, tutto appare più significativo. Ma in quel caso, l'importanza di quell'istante mi fu subito chiara. Guardando Peety negli occhi sentii la profondità del legame che ci univa e sorrisi, e quando lui mi guardò, stretto nel caloroso abbraccio di Melissa, ricambiò. Mi inginocchiai e lo abbracciai anch'io. Lui si eccitò e prese a leccarmi il volto, poi mi spinse a terra e mi salì sopra come un cucciolo. Risi forte e questo richiamò i ragazzi, e finimmo tutti avvinghiati insieme. C'è qualcosa di meglio nella vita?

Il suo sguardo, la sua fiducia, il suo atteggiamento protettivo, il nostro legame, l'amore, l'amore incondizionato: sono queste le cose che contano davvero. Sono queste le cose che mi hanno salvato, non solo da un barbone fuori di sé, ma da me stesso.

1

Addio...

ODIO viaggiare. Odio soprattutto gli aeroporti, anzi no: soprattutto gli aerei.

Oh, ma chi voglio prendere in giro? All'epoca odiavo tutto, *tutto*: il mio lavoro, le mie giornate, le mie notti, la mia vita. Ero depresso. Facevo un lavoro che non era certo fra quelli che sogni da bambino: astronauta! cowboy! cantante! attore! calciatore! Ero rappresentante di un'importante azienda di elettrodomestici: vedete un po'...

Non mi sto lamentando, ero contento quantomeno di avercelo, un lavoro, dato che in passato ne avevo buttati al vento diversi, e uno in maniera così spettacolare che ero stato costretto a fuggire fino all'altro capo del Paese, in pullman. Odiavo anche i pullman. Ma torniamo all'aeroporto: ogni volta che ci dovevo andare diventava il giorno peggiore della mia vita, e uno in particolare fu il peggiore di tutti.

Chissà perché, negli aeroporti puoi parcheggiare dove ti pare, ma ti ritrovi sempre a chilometri di distanza da dove devi andare. Mi innervosii fin dal momento in cui presi la valigia dal portabagagli dell'auto a noleggio e vidi le lunghe linee bianche che delimitavano il percorso obbligatorio per raggiungere il terminal. Sbuffando e sudando arrivai a destinazione, ma avevo le caviglie e le ginocchia che pulsavano dal dolore, nonostante avessi alternato pastiglie di paracetamolo e ibuprofene ogni due ore da quando mi ero svegliato, solo per prepararmi agli spostamenti a piedi che mi attendevano quel giorno.

Sulle scale mobili un bambino fastidioso (c'è sempre un bambino fastidioso negli aeroporti) cercò di superarmi anche se non c'era lo spazio per farlo. Anziché pazientare, tentò di infilarsi fra il mio corpo e la parete d'acciaio della scala, e per poco non cadde. I genitori gridarono: «Tommy, fermo! Non farlo! Ti fai male! Chiedi scusa! Oddio, mi spiace», mentre tutti i presenti fissavano inorriditi il ciccione che occupava quasi l'intera larghezza della scala mobile. Sì: io. Ero io il ciccione che tornava a casa da un viaggio di lavoro con la camicia sudata, e che metteva a disagio tutti quelli che lo circondavano. In quel giorno del 2010 pesavo fra i 154 e i 163 chili; il numero esatto dipendeva dal momento in cui mi pesavo, se prima o dopo uno dei miei pasti pantagruelici, e anche da quale bilancia usavo. Quella del dottore mi dava sempre due o tre chili in più della mia. Succede a tutti, vero? Perché? Forse le leggi della fisica non valgono più negli studi medici?

Sono alto un metro e settantotto e avevo un girovita di 132 centimetri. Se non riuscite a visualizzare un uomo di quelle dimensioni, fate così: le mie «maniglie dell'amore» erano piuttosto dei «cuscinetti dell'odio», dato che sfregavano contro entrambi i lati del metal detector ogni volta che attraversavo i controlli di sicurezza. All'epoca non c'era quasi mai una panca per sedersi in quel punto, e se infilarsi le scarpe stando in piedi non è un problema per la maggior parte delle persone, io non riuscivo a toccarmeli, i piedi, figurarsi allacciare le stringhe, a meno che fossi seduto. E no, nonostante i consigli benintenzionati dei conoscenti, i mocassini non mi semplificavano la vita. Per infilare un mocassino serve un calzascarpe con il manico lungo, e ai controlli di sicurezza non ci sono nemmeno quelli. Quindi raccolsi le mie cose e strascicai i piedi sul freddo pavimento fino alla panca più vicina. Anche così dovetti appellarmi a tutte le mie forze per comprimere la pancia quel che serviva per raggiungere le scarpe. Lo sforzo mi lasciò senza fiato e dovetti stare fermo per una decina di minuti solo per riprendermi. Quando mi rialzai, il dolore e il formicolio ai piedi e alle gambe si irradiò alla schiena. Guardai la carta di imbarco e poi il numero del gate. Mi salì la nausea. *Perché il mio gate è sempre il più lontano?*

Quando lo raggiunsi, non c'era posto per sedersi. L'area era strapiena di passeggeri. Un altro volo al completo. Ci rendiamo conto che ci stanno truffando, vero? Che ci trattano come bestiame? L'aspetto affascinante e lussuoso dei viaggi aerei è sparito da tempo, e anche i più magri ormai scoprono che i sedili dei velivoli sono fastidiosamente piccoli. Non c'era un solo sedile in cui potessi accomodarmi senza che la mia ciccia traboccasse in quelli a fianco. Se avevo abbastanza fortuna da avere un posto vicino al finestrino o al corridoio, almeno infastidivo una persona sola (anche se il dolore e l'inevitabile botta del carrello portavivande non era certo piacevole). Servivano due posti per sedermi comodamente, ma il mio datore di lavoro non aveva nessuna intenzione di pagare due biglietti per me, e i tribunali federali avevano stabilito che l'obesità non è una disabilità. Quindi, né la compagnia aerea né la mia azienda erano obbligate a creare le condizioni necessarie per alleviare la sofferenza di una persona con il mio problema.

Quel giorno avevo un posto centrale. *E ti pareva...* Quando chiamarono il mio gruppo, mi misi in coda per l'ennesima volta e fui costretto ad appoggiarmi alla parete per alleviare la pressione sulle ginocchia. Una volta a bordo, vidi che l'aereo era uno di quei nuovi modelli che hanno i corridoi strettissimi. Non ci passavo rivolto in avanti, per cui procedetti di lato, come un granchio, fra le espressioni disgustate degli altri passeggeri. Leggevo la loro paura come un fumetto sospeso in aria: «O Signore, ti prego, fa' che quel ciccione non si sieda di fianco a me!»

Quando raggiunsi i due sfortunati di turno, un bianco di dimensioni discrete sul lato corridoio e un coreano snello sul lato finestrino, dissi: «Scusatemi, sono in mezzo». Non replicarono; non serviva. Mi incuneai fra i braccioli, sapendo che mi avrebbero lasciato il segno e forse il livido sui fianchi al termine delle quattro ore di volo. Eppure ero sicuro di causare ai miei vicini di posto più scomodità di quanta potessi provarne io. La cintura non era abbastanza lunga per cingere il mio girovita; non lo era mai. Quindi, come sempre, alzai la mano pregando che il deodorante facesse ancora effetto e pigiai il bottone per chiamare un'assistente di volo. La signorina, gentilissima, guardò dappertutto ma «sfortunatamente», disse, c'erano altri passeggeri abbondanti su quel volo, per cui avevano esaurito le prolunghe per le cinture di sicurezza. Non potevano decollare a meno che tutti i passeggeri fossero allacciati, quindi afferrò quella cornetta all'antica che ancora si vede sugli aerei e chiamò il gate per vedere se ci fosse una prolunga in più. Non c'era. Dovevano cercarne una su un altro volo, solo per me.

«Quanto ci vorrà?» domandò il coreano.

«Faremo il più in fretta possibile», rispose l'assistente.

Non potevo sentirmi peggio di così. Aspettammo per più di mezz'ora. Tutti i passeggeri erano già seduti e iniziavano a innervosirsi. Avevamo oltrepassato da un po' l'orario di partenza previsto quando l'assistente ritornò e disse che avevano localizzato una prolunga, e che sarebbe arrivata a breve. Appena se ne andò, il coreano disse a voce abbastanza alta: «Fantastico. Perderò la coincidenza solo perché lei è troppo grasso».

Volevo morire. Lì, in quel sedile, desiderai che la mia vita finisse.

«Mi spiace», dissi. Non riuscivo a girare il mio grosso collo per guardarlo negli occhi, e comunque non avrei avuto il coraggio di farlo. Ero stato patologicamente obeso per più della metà della mia vita, e avevo imparato che era più semplice lasciar correre; era meglio così. Quindi aggiunsi solo: «Le auguro buon viaggio».

Decollammo con quarantacinque minuti di ritardo. Per quanto sembrerà ridicolo, feci del mio meglio per passare inosservato, per sparire per tutta la durata del volo. Dovevo andare in bagno, ma mi trattenni perché non volevo costringere nessuno ad alzarsi, né volevo camminare di lato fino alla toilette. Quando atterrammo, mi feci da parte per lasciar uscire il coreano prima di me. Lo fece sbuffando. Sono sicuro che perse la coincidenza, così come altri. Ero riuscito a creare disagio ai passeggeri di un intero volo.

I fianchi mi facevano malissimo a causa dei braccioli, e anche le articolazioni mi dolevano, ma mi incamminai per raggiungere la mia automobile. Crollai sul sedile e quasi mi addormentai lì sul posto, nel parcheggio dell'aeroporto, tanto ero esausto. Arrivato a casa, lasciai la valigia nel portabagagli: non ce la facevo a trascinarla dentro. Avevo una fame da morire, mi accasciai sul divano e chiamai Domino's Pizza. Ordinai una pizza extralarge «per amanti della carne» e, dato che era il fine settimana, ne ordinai un'altra da mangiare a pranzo il giorno dopo (meno lavoro da fare). Sempre sul sofà, finii la prima pizza, tutta, ma avevo ancora fame. Solo un'altra fetta, mi dissi. Poi ne mangiai un'altra e un'altra ancora, finché non rimasero che due cartoni unti e vuoti. Avevo divorato due pizze enormi in un colpo solo. Una pizza extralarge ha un diametro di quaranta centimetri e non è pensata per una persona, e nemmeno per due, ma è per le feste. L'apporto calorico complessivo è di cinquemila calorie circa. Ciò significa che avevo assunto diecimila calorie in un unico pasto. Non che sapessi queste cose, all'epoca; non me ne importava nulla di tutto ciò. Avevo fame e mangiavo, e basta.

Non era nemmeno la prima volta che lo facevo, anzi era diventata un'abitudine del venerdì sera. Mi dicevo che avrei mangiato una pizza e tenuto l'altra per il giorno dopo, e invece finivo entrambe. Era una delle tante routine che alimentavano vergogna e avvilimento. Non capivo che cosa ci fosse di sbagliato in me, mi castigavo per tutto ciò che facevo, ma non sapevo come uscirne. In venticinque anni di obesità avevo sperimentato ogni singola dieta e prodotto dietetico pubblicizzato in televisione e sui giornali. Avevo provato anche alcuni prodotti non disponibili sul mercato ufficiale, che mi erano quasi costati il carcere. Nessuno aveva funzionato. Certo, all'inizio perdevo peso (addirittura venti chili con una di quelle diete), mi sentivo meglio per qualche settimana o per un mese, ma poi sgarravo, perché mi ero stufato di mangiare schifezze preconfezionate, oppure saltavo un incontro; sia come sia, ricadevo nell'errore. A quel punto mi sentivo malissimo e interrompevo il programma, e poi riprendevo la mia dieta americana standard, fatta di cibo straunto e consegne a domicilio. Nel giro di poche settimane riacquistavo tutti i chili persi e qualcuno in più. Non ero l'unico: la metà degli americani vive o ha vissuto esperienze simili. Io però lo facevo all'estremo.

Quando ebbi finito di mangiare, la sera di quel volo terribile, mi alzai per andare a letto. È in quel momento che intravidi la pila di mutande e calzini sporchi nella camera extra, e mi resi conto di quanto fossi caduto in basso. La montagna aveva superato il bordo del letto. Stimai che vi fossero oltre duemila paia di mutande lì sotto. Avevo smesso di usare la lavatrice da tempo, perché era troppo faticoso scendere nella lavanderia a gettoni del condominio. Pagavo una ditta specializzata che prelevava il bucato e lo riconsegnava pulito, e piuttosto che lavare e riutilizzare calze e mutande ne ordinavo di nuove su Amazon. Mi venivano consegnate davanti alla porta di casa, proprio come le pizze. Quelle sporche le buttavo nella camera vuota, dove non le vedevo, e dove nessuno le avrebbe mai viste.

Non che avessi molte visite. Avevo anche smesso di andare a casa degli altri. In pratica avevo smesso di coltivare qualsiasi amicizia. Era troppo faticoso per me; qualsiasi cosa all'esterno del mio appartamento era di troppo. Mi ero organizzato per lavorare quasi sempre da casa, al telefono o al computer. Le visite ai clienti e i viaggi di lavoro erano l'unico motivo per cui uscivo nel mondo esterno, e lo facevo solo perché ero costretto.

Circa un anno prima mi ero sottoposto a un esame medico per volere dell'azienda, e dopo aver controllato i valori del sangue, il dottore mi aveva suggerito di comprarmi un lotto al cimitero.

«Cosa?»

«Se non tiene sotto controllo il suo peso, le servirà nei prossimi cinque anni.»

Ma chi si crede di essere? Ero arrabbiato con quell'uomo così sgarbato ed ero uscito con l'intenzione di consultare un altro medico. Ma le parole schiette di un dottore sono potenti. Mi erano rimaste impresse, anche se non le avevo prese per il verso giusto: non mi avevano stimolato a cambiare, mi avevano reso solo fatalista.

La sera del volo mi resi conto di aver già buttato via un quinto della vita che mi rimaneva. Non c'erano stati miglioramenti, ma tutto era peggiorato; *tutto*. Non uscivo con una donna da quindici anni, la montagna di mutande e calze sembrava tratta da un film dell'orrore, la testimonianza di uno che perde il lume della ragione e si allontana dalla realtà. Era quello che ero diventato? Un matto? Un sepolto in casa? Com'era successo?

Avevo il diabete mellito di tipo 2, che era fuori controllo. Ero consapevole dei rischi, sapevo che se non miglioravo sarei diventato cieco, oppure avrei perso un arto, ma nulla funzionava. Uno dei motivi per cui lavoravo parecchio era perché mi servivano i soldi per pagare le medicine. Anche se avevo l'assicurazione sanitaria, ogni mese sborsavo fino a mille dollari di contributo personale per i farmaci che mi servivano per sopravvivere. Prendevo pillole per l'insulina, per la pressione e per il colesterolo. E altre ancora per dormire, più tutta una serie di medicine per contrastare gli effetti collaterali delle prime. Nulla di tutto ciò mi faceva sentire meglio. Ero depresso, sempre.

Quel dottore sgarbato mi aveva anche indirizzato a un chirurgo bariatrico, uno che voleva aprirmi e rimuovere una parte del mio stomaco, solo per controllare l'appetito. Mi sembrava una barbarie, eppure avevo seguito l'iter propedeutico e prenotato l'operazione. Era prevista a un mese esatto da quel giorno. Ecco la misura della mia disperazione. Non volevo farmi operare, non potevo far questo al mio corpo, era grottesco: come potevo farmi tagliare le interiora per fermare una cosa che dipendeva da me? *Come sono arrivato a questo punto? Perché non riesco a smettere di mangiare? Devo davvero farmi rimuovere un pezzo di stomaco?*

Non potevo farlo, non l'avrei fatto. *No.*

Sapevo cosa fare. Non avevo una pistola, né un farmaco abbastanza potente per raggiungere lo scopo; magari mi sarei buttato sotto un treno. Anche se non sapevo bene come, dopo quella giornata ero certo di doverlo fare. Se solo avessi seguito il consiglio del dottore e acquistato un angolino di cimitero. Non ho azzeccato nemmeno questa, pensai. Ogni singola cellula del mio corpo mi faceva male, come se avessi l'influenza. Crollai a letto. Lo stomaco ruminava il grasso e il formaggio che avevo ingerito, creando un dolore insopportabile. Spensi la luce e con gli occhi pieni di lacrime feci una cosa che non avevo mai fatto prima: pregai. *Dio, ti imploro, per piacere uccidimi, per piacere prendi la mia vita. Per piacere.*

2

Il risveglio

QUEL che accadde in seguito sembrerà strano a qualche lettore. Che diavolo, sembra strano pure a me. Non morii. Dopo aver pregato perché la mia vita avesse fine, svenni. Qualcuno lo chiamerà un sogno, qualcun altro un'allucinazione, ma venni risucchiato in un vortice di luce bianca. Mi sembrava di cadere e volare al tempo stesso, ma non era una sensazione spaventosa, mi sentivo in pace. Non vidi un essere divino o le porte del paradiso, né udii una voce rimbombante nei cieli. Nel sogno (o qualunque cosa fosse) non vi furono parole, ma all'improvviso mi sentii pieno di speranza, e sicuro di non essere più solo. Ero in presenza di Dio. Non ero mai andato in chiesa in vita mia, tranne che per i matrimoni e i funerali. Non ero cresciuto con una fede religiosa, e il fatto che avessi pregato Dio in quel momento di disperazione era stata una sorpresa anche per me. Eppure Dio è quel che sentii.

Qualcuno penserà che quel che segue è altrettanto pazzesco. Prima che mi accadesse, l'avrei pensato anch'io. Dormii tutta la notte e al risveglio mi sentivo bene. Anche se era sabato, e di norma avrei passato l'intero fine settimana a letto, mi alzai. Mi feci una doccia e mi vestii. Presi l'ascensore e uscii in strada. Sentii il calore del sole sul volto e notai il verde delle palme e le punte innevate delle montagne in lontananza, attraverso la foschia del cielo di San Jose. Poi tornai in casa, aprii il portatile e ordinai una Bibbia su Amazon. Non so perché lo feci, ma sentivo di doverlo fare.

Due giorni dopo arrivò a domicilio, come una pizza, e la divorai. Nel mese successivo dedicai tutto il mio tempo libero a leggere il testo sacro dall'inizio alla fine; non feci altro. Il corpo mi faceva ancora male, ero sempre depresso, ma sentivo il dovere di arrivare alla fine, quindi lavorai il meno possibile, spensi la televisione e mangiai le mie razioni di pizza, take away cinese e fast food; e lessi. C'erano parti che non avevano alcun senso, mentre altre mi risuonavano nel profondo, come se fossero state scritte apposta per me. Scoprii decine e decine di episodi che ignoravo, e riconobbi molti proverbi e frasi fatte che usavo quotidianamente ma che non sapevo fossero tratti da lì. Lessi tutti i riferimenti storici nelle note a piè di pagina e rimasi sconvolto dalla quantità di eventi biblici che coincidono con la storia laica che si studia a scuola. Leggevo molto, libri di ogni tipo, ma in cinquantuno anni non avevo mai provato a capire perché molti traessero giovamento in quelle pagine.

Quando raggiunsi l'ultima frase del Libro della Rivelazione, ero seduto sul divano. Chiusi la Bibbia con soddisfazione, come se avessi appena fatto una buona azione, e all'improvviso, ancora una volta, persi i sensi. Mi ritrovai risucchiato nello stesso vortice luminoso della prima volta, e anche in questo caso non udii parole, ma al contempo percepii un messaggio forte e chiaro. Una presenza bellissima e radiosa mi diceva di non disperare e mi chiedeva (senza parole) di pentirmi dei miei peccati, di donarmi a Lui e di affidare la mia vita a Lui. Forse perché non avevo nulla da perdere, dissi di sì.

Poi Egli mi disse che non avrei mai dovuto temere nulla da quel momento in poi, perché ero protetto dal male fino alla fine dei miei giorni; che dovevo andare in pace, seguire i segni che avrei ricevuto e aspettare finché il mio scopo non si fosse rivelato. Mi risvegliai steso sul pavimento del salotto. Non ricordavo come fossi finito lì, e non avevo idea di quanto tempo fosse trascorso. Il sole del mattino filtrava dalle persiane, ed era una luce diversa da qualsiasi altra che avessi mai visto. Posso solo descriverla come quella che penetra dalle vetrate di una cattedrale gotica in un film dalla fotografia impeccabile, con sfumature gialle e dorate. L'intero appartamento sembrava rilucente, ogni oggetto era illuminato. Mi guardai intorno, dalla mia posizione di balena spiaggiata sul pavimento, ed era come se vedessi quella stanza per la prima volta. Era una sensazione strana e molto bella, ma quel che ricordo meglio è l'emozione, un'emozione che era l'esatto opposto di quella che avevo provato quando avevo pregato in lacrime. Non volevo più morire, volevo vivere!

Che ognuno lo chiami come gli pare. I pochi con cui ho osato parlarne hanno suggerito che si sia trattato di un episodio medico: una serie di piccoli infarti o di ictus. Personalmente non credo sia così, ma non importa. Più ci rifletto e più mi sembra un intervento divino. Avevo davvero toccato il fondo, come capita agli alcolizzati o ai tossicodipendenti, e mi ero risvegliato da un periodo molto oscuro della vita con la certezza di voler vivere e la consapevolezza che per vivere dovevo cambiare. Per la prima volta dopo anni ero motivato, anche se ancora non sapevo per cosa. Avevo già provato tutte le diete esistenti nei miei precedenti tentativi di riprendermi la vita, ma quella volta era diverso: vedevo tutto sotto una nuova luce, e il mio desiderio di vivere era più forte di qualsiasi ostacolo.

Aprii gli occhi e iniziai subito a cercare un segno che potesse condurmi verso una vita migliore: ne trovai subito uno. Dopo che con parecchio dolore riuscii a rotolarmi su un fianco e a issarmi sul sofà, accesi la TV. Mentre riprendevo fiato, per caso vidi il giornalista Wolf Blitzer che intervistava Bill Clinton. Vi assicuro che non sono due personaggi da cui mi sarei aspettato di ricevere un segno. Blitzer si congratulava con l'ex presidente per il suo aspetto, e in effetti Clinton appariva davvero in forma. Ricordavo com'era a fine mandato: vecchio, stanco, affaticato e gonfio. In quel momento invece appariva energico e in salute, ed era dimagrito parecchio. Era incredibile. Aveva il volto ovale anziché rotondo e le borse sotto gli occhi erano sparite. Sembrava un altro. Quando il conduttore gli chiese come avesse fatto, rispose che con l'aiuto di un medico aveva seguito una dieta a base di cibi integrali e di origine vegetale. Quello era stato sufficiente, disse, per cambiare radicalmente: aveva perso peso senza patire la fame e si sentiva in salute e forte come quando aveva vent'anni.

Non avevo la più pallida idea di cosa fosse quella dieta, ma presi la frase come il segno che cercavo e lo seguii di corsa. Certo, «di corsa» si fa per dire, non sarei riuscito a correre nemmeno per salvare la pelle, ma in qualche modo mi trascinai fino alla valigia e tirai fuori il computer portatile. Andai su Internet e cercai «diete vegetali» finché trovai qualche nome nella mia zona. Non era difficile: abitavo a San Jose, non lontano da San Francisco, al centro della Silicon Valley. È un posto dove nutrizionisti e guru della salute non mancano di certo. Prima di quel momento, però, non mi ero mai interessato a quelle baggianate da progressisti New age (come le definivo allora). Ero cresciuto in quella zona, certo, ma non in una famiglia di hippy. Subito dopo le superiori mi ero arruolato, poi avevo vissuto per diversi anni in Georgia, dove mangiavo pollo fritto o crostate alla pesca per colazione (a volte entrambi). Quella mentalità californiana da ambientalista radicale, da «salviamo il mondo», «mente sana in corpo sano», non mi aveva mai attirato. Tuttavia non riuscivo a sbarazzarmi della sensazione di dover seguire quel segno. Non ero un idiota, non lo feci alla cieca. Ero – e sono tuttora – un bravo venditore, e in passato sono stato anche un avvocato, per cui sapevo fare ricerche come si deve. Non volevo provare l'ennesima dieta sensazionale o rischiare di aggravare ulteriormente il mio stato di salute seguendo una moda passeggera. Quindi cercai un vero medico, una persona laureata e abilitata, ma che fosse anche esperta di nutrizione e di quella particolare dieta che Clinton aveva menzionato in televisione.

Dopo un'ora avevo individuato un paio di naturopati seri; li chiamai e chiesi se potessero ricevermi subito, e ovviamente ricevetti una risposta negativa. I nutrizionisti non sono abituati a prendere chiamate di emergenza, e nonostante le mie suppliche mi offrirono un appuntamento solo dopo più di un mese. Non potevo aspettare così a lungo: sentivo l'urgenza come un fuoco che brucia dentro; rimandare significava rischiare la vita, quindi continuai a cercare. Alla fine trovai la dottoressa Preeti Kulkarni, che aveva tutte le qualifiche giuste e anche una serie di recensioni positive da parte di numerosi pazienti soddisfatti. La raggiunsi al telefono, le spiegai la situazione e lei accettò di incontrarmi il giorno successivo. Ecco un altro segno.

Mentre raggiungevo il suo studio in macchina, fluttuavo nella luce: il mondo intero era più luminoso. La sensazione di voler vivere, vivere per davvero, di mettere fine alla mia situazione miseranda una volta per tutte, era ancora con me. Quindi, mentre guidavo, decisi di provare qualcosa di nuovo: mi ripromisi che avrei fatto qualsiasi cosa che quella dottoressa mi avrebbe chiesto. Non avrei giocato d'astuzia personalizzando le sue indicazioni, non avrei ascoltato solo una parte dei suoi consigli e poi fatto come volevo io perché «ne so di più», o addirittura perché «mi conosco meglio». Ormai era chiaro che non ne sapevo di più. Avevo percorso la via delle diete decine di volte in passato, avevo tentato di curarmi da solo e avevo fallito miseramente. Ricordai una frase sentita da qualche parte: la pazzia consiste nel ripetere la stessa cosa più volte aspettandosi sempre un risultato diverso. Nel profondo del cuore sapevo che avrei ottenuto un risultato diverso solo se avessi tentato qualcosa di diverso, di *davvero* diverso, per cui decisi che avrei seguito le prescrizioni della dottoressa alla lettera. Avrei fatto qualsiasi cosa mi avesse chiesto. E se non avesse funzionato comunque? Bene, allora per me era finita.

La dottoressa Preeti (come preferisce farsi chiamare) era più giovane di quel che mi aspettassi. Credo sia capitato a tutte le persone della mia età di trovare un medico che potrebbe essere tuo figlio, e la cosa sembra sbagliata, come se il mondo fosse capovolto. In quel caso, però, era perfetto, perché era diverso, e la diversità era un bene per me. La dottoressa era anche bassa di statura, il che la faceva sembrare persino più giovane. *Sono sicuro che le chiedono la carta d'identità se prova a comprare una bottiglia di vino.* Mi arrivava al petto. Ma c'era un che di rassicurante in lei. Trasmetteva una calma che le donava un'aria professionale. Mi guardò negli occhi con la sicurezza rilassata di chi sa il fatto suo. Inoltre, non sembrava disgustata dalla mia pancia. Detto questo, il contatto visivo non durò a lungo, come sempre d'altronde. Non appena mi sedetti, cominciai a fissare un angolino di moquette grigia vicino alle sue scarpe.

«Allora, mi parli un po' di lei», esordì. «È sposato? Single?»

«Sono single.»

«Rapporti occasionali?»

«No, no, da molti anni.»

Rapporti occasionali? Nessun dottore mi aveva mai chiesto una cosa del genere prima di allora; mi sembrava un argomento molto strano, in quel contesto.

«Bene, allora come passa il tempo libero?»

23

La guardai in faccia solo per assicurarmi di essere davvero nel posto giusto.

«Io… mm… Be', mi piace leggere.»

«Attività sociali?»

«No, non proprio.»

Continuò di questo passo per una mezzoretta buona: voleva sapere dove abitavo, che lavoro facevo, e anche se avessi mai praticato qualche sport. Alla fine la interruppi: «Ma perché mi fa tutte queste domande? Non ho mai incontrato un dottore che mi abbia dedicato più di dieci minuti prima di scrivermi una ricetta e mandarmi via».

«Sì… Quindi, il motivo per cui mi ha chiamato è perché vuole che la aiuti a dimagrire, e quel che spiego ai miei pazienti è che qui non si tratta di dimagrire. Le diete dimagranti non funzionano, o sbaglio? Presumo le abbia provate?»

«Certo, le ho provate tutte.»

«Giusto, come molti miei pazienti. E ne parleremo, perché devo sapere che cosa ha provato, ma io voglio che lei si rimetta in salute, che il suo corpo cominci a lavorare per lei anziché contro di lei. Quindi quel che faccio, quel che fanno tutti i naturopati, non è curare i sintomi – e la sua obesità è in realtà solo un sintomo – ma curare il paziente nel suo complesso, per arrivare alla radice dei problemi manifesti, inclusa l'obesità. Non so se mi sono spiegata…»

«Sì, sì, ha molto senso.»

«Quindi, ora che so un po' più di cose su di lei, perché non mi parla della sua dieta?»

«Non seguo nessuna dieta, ora come ora.»

«No, intendo quello che mangia abitualmente. Le piace cucinare?»

«Ah!» esclamai ridendo.

«Cosa c'è di così divertente?»

«Sono un venditore di elettrodomestici che non ha mai acceso un forno.»

«Mai? Le capiterà di cucinare, ogni tanto?»

«So bollire l'acqua per farmi i *noodles* istantanei, e qualche volta mi faccio il formaggio fuso sul pane tostato. Non so se conta.»

A quanto pare la dottoressa non era in vena di scherzare: «E allora dove prende da mangiare?»

«Consegne a domicilio, per lo più», risposi, poi le raccontai delle pizze, mentre lei prendeva appunti. «Uso spesso il *drive-through*, così non devo uscire dalla macchina.»

«Quindi McDonald? Fast food? Che cosa ordina?»

«Sì, per colazione mi faccio cinque o sei McMuffin; per pranzo di solito tre o quattro Big Mac e un paio di patatine grandi.»

«Che altro? Frutta, verdure?»

«Succo d'arancia, a volte, però in generale no, di solito non mangio verdura.»

«Okay, e i McMuffin sono quelli con il bacon, il prosciutto…»

«Sì.»

«Sempre carne?»

«Sì, certo.»

«Formaggio?»

«Sì.»

«Beve tanto latte?»

«Mai, ho smesso quando ero ragazzino. Mi erano venuti i brufoli e mi ero accorto che sparivano se smettevo di bere latte.»

«Molto bene. Ci sono altri cambiamenti che ha notato se smette di assumere certi alimenti?»

Ci pensai e non mi venne in mente nulla cui avessi rinunciato da allora in poi. L'idea di eliminare un particolare ingrediente dalla mia alimentazione per risolvere un problema di salute non mi era mai più venuta. Alla fine della visita, la dottoressa Preeti conosceva parecchie cose su di me e sulle mie abitudini. Mi prescrisse degli esami del sangue più tutta una serie di test per valutare il mio stato di salute complessivo. Poi mi spiegò che cosa sarebbe successo se avessi seguito una dieta vegetale e integrale sotto la sua supervisione. «Esamineremo il sangue e le ghiandole surrenali per evidenziare eventuali carenze nutritive, perché se ci sono, è difficile tornare in salute senza prima risolverle. Quindi all'inizio potrei prescriverle degli integratori per rimettere in sesto l'organismo. Se seguirà il mio programma, però, una volta risolte le carenze nutritive e ottimizzato il processo digestivo, non avrà bisogno di medicine o integratori per mantenersi in salute».

Le ricordai che soffrivo di diabete, ipercolesterolemia e ipertensione, e che prendevo medicine per tutti questi disturbi.

«Adesso sì, ma se seguirà i miei consigli, probabilmente tra pochi mesi non ne avrà più bisogno.»

«Mi sta dicendo che tutti i miei disturbi possono essere curati semplicemente facendo attenzione alle calorie?»

«Sì e no. Le dico che il corpo ha bisogno di nutrienti e di energia, e che è importantissimo ciò che ingeriamo, più di quanto le persone normalmente credono, anche quelli che pensano di essere in salute. Ma non è una cosa complicata, glielo assicuro. Dimentichi le calorie, per adesso. Per cominciare, a ogni pasto faccia in modo di avere mezzo piatto pieno di verdure o frutta e il resto di legumi e riso, o un qualsiasi altro cibo che non sia di origine animale. Vedrà che si sentirà subito meglio, e quando aggiungeremo l'attività fisica, i cambiamenti saranno sorprendenti.»

«Attività fisica?»

Quella era la mia fine, lo sapevo. Non avevo le forze per fare esercizio fisico. Ci avevo già provato in passato, sprecando un sacco di soldi in iscrizioni a palestre varie, ed ero troppo vecchio per cambiare. Odiavo le palestre: l'odore, la fatica, i sellini scomodi e dolorosi delle cyclette. Odiavo la vergogna dello spogliatoio: togliermi i vestiti sotto gli sguardi schifati e i mormorii di scherno. Ero ancora determinato a fare tutto ciò che ordinava la dottoressa, ma sapevo che, se mi avesse chiesto di andare in palestra, allora anche quel tentativo non avrebbe avuto vita lunga.

«Le consiglio di cominciare con venti minuti di esercizio leggero, due volte al giorno; una cosa che le piaccia, come camminare.»

Se pensi che mi piace camminare, allora non hai ascoltato una parola di quel che ti ho detto.

«E nel suo caso le consiglio di adottare un cane.»

Di nuovo alzai lo sguardo di scatto: «Un cane?»

«Sì, un cane è un'ottima compagnia, e credo che lei abbia bisogno di un compagno. Inoltre abita in un appartamento, per cui sarà costretto a portarlo a passeggio. Quindi accompagnerà fuori il cane due volte al giorno, e quella sarà la sua attività fisica. Facile.»

«Non ho mai avuto un cane. E se prendessi un gatto?»

«Ha mai visto qualcuno portare a spasso un gatto?»

«Una volta, mi sembra, in televisione.»

Mi lanciò uno sguardo severo e mi sentii uno sciocco.

«Anche i gatti sono un'ottima compagnia, ma siamo seri, cerchi un canile. Ho appena letto un articolo sulla Humane Society, qui nella Silicon Valley. Hanno tantissimi cani in attesa di adozione. Le darà qualcosa su cui concentrarsi, un essere di cui prendersi cura e con cui creare un legame, e mi creda, quel cane la costringerà a uscire di casa, la aiuterà in modi che adesso nemmeno si immagina.»

Come potevo prendermi cura di un cane? Non avevo mai avuto animali in vita mia. Pensai alla fatica: comprargli da mangiare, accovacciarmi per raccogliere gli escrementi… Per giunta spesso ero fuori città per lavoro. Che cosa ne avrei fatto di lui? Ero sicuro di non essere un appassionato di cani. Però mi ricordai la promessa: «Fai qualunque cosa ti chieda di fare».

La dottoressa mi aveva dedicato più di un'ora e mezza al nostro primo appuntamento. Ero scioccato e temevo di non ricordare tutto ciò che mi aveva detto. Prima di congedarmi, mi consigliò di prenotare sei mesi di appuntamenti settimanali e di pagarli in anticipo, perché così mi sarei impegnato a seguire il programma. Per fortuna la mia assicurazione sanitaria copriva parte dei costi e ogni visita mi costava solo venticinque dollari. Ma era vero: se prima non ero del tutto sicuro, dopo aver firmato mi sentivo costretto economicamente. Poi mi consegnò un fascicolo di ricette e un elenco di ingredienti per i piatti vegetariani che avrei dovuto prepararmi da solo. Odio le verdure, pensai, eppure mi tornava sempre in mente la mia risoluzione: «Fai tutto quello che dice». Aggiunse che sarebbe entrata nello specifico della dieta dopo i risultati degli esami, ma nel frattempo mi chiese di smettere di mangiare carne e latticini. Disse che il modo migliore era di darmi un limite: «Si conceda un massimo di sei scatolette di tonno per le prossime due settimane, per esempio, e le mangi solo quando non riesce proprio a farne a meno. E quando sono finite, basta».

Annuii e accettai. Ero frastornato.

«E spero davvero che adotti un cane. È un grosso impegno, ma non se ne pentirà. Abbia cura di sé. È stato un piacere conoscerla.»

La guardai negli occhi e dissi: «Okay».

3

Il cucciolo ideale

IL cuore batteva forte, mi tremavano anche le ginocchia, ma ero abbastanza sicuro che non era perché avevo camminato dall'ufficio della dottoressa Preeti fino al parcheggio. Mentre sfogliavo l'elenco di quei presunti «pasti» che avrei dovuto prepararmi da solo, avevo capito che non potevo farcela. *Odio le verdure; non so cucinare; riso e fagioli? Non è un piatto, è un contorno! Ma che diavolo mi è venuto in mente?*

Mi sforzai di ricordare anche un solo piatto che avessi mai mangiato in vita mia che non contenesse carne o formaggio, o qualche altro prodotto di origine animale. Sì: la dottoressa voleva che mi privassi di tutto. All'improvviso mi resi conto che quella dieta vegetale e integrale altro non era che la dieta «vegana» di cui sentivo parlare spesso. *È quello che mangiano i fricchettoni! Vuole che diventi un hippy?* Conoscevo qualche hippy, visto che abitavo nei dintorni di San Francisco, vicino a posti come Santa Cruz e Berkeley, dove la gente canta *Kumbaya* nei parchi pubblici, si tinge i capelli di viola e gira con le Birkenstock e i calzini di colore diverso. Quelle persone erano la versione più estrema dei vegetariani e degli animalisti che conoscevo. Le consideravo delle nullità e non avevo niente in comune con loro. Tuttavia la dottoressa mi aveva detto che seguiva lei stessa quel regime alimentare, e di certo lei non era una fricchettona, per cui conclusi che forse le mie opinioni sugli hippy non erano del tutto accurate. In ogni caso l'elenco degli alimenti da evitare era lunghissimo. *Niente uova? E che cavolo mangio a colazione?* Quasi scoppiai a ridere da solo, tanto mi sembrava ridicola la cosa.

E prendermi un cane? Pensai alle parcelle del veterinario, ai costi del cibo. *E quando vado via per lavoro? Avrò la casa e i vestiti di lavoro pieni di peli. E se mi fa la cacca in casa? Certo non voglio pulirla io. Ma cosa vuole quella dottoressa, che mi prenda una donna delle pulizie? Mi sa che questa è la dieta più costosa che abbia mai provato!*

Ero andato all'appuntamento certo di poter seguire le sue indicazioni, e convincendomi che era la mia ultima possibilità, ma a quel punto non vedevo come potesse funzionare. Buttai i fogli sul sedile del passeggero e strinsi forte il volante con lo sguardo fisso sul muro di fronte. Stavo per fare quel che avevo sempre fatto: mi scoraggiavo, cedevo al panico, quindi mi arrabbiavo con me stesso per essermi lasciato andare e perché scaricavo la colpa della mia situazione sull'ennesima dieta impossibile. Ma nel profondo sapevo che era davvero la mia ultima possibilità. All'improvviso ricordai un passaggio della Bibbia:

Confida nel Signore con tutto il cuore
e non appoggiarti sulla tua intelligenza.
Proverbi 3,5

Chiusi gli occhi e provai a respirare piano, a richiamare quella sensazione potente e soverchiante che avevo provato quando mi ero risvegliato sul pavimento del salotto, sotto la luce del sole che filtrava dalle persiane. Mi ripetei che stavo seguendo i segni di Dio, per quanto sembrassero ridicoli in quel momento. *Almeno provaci, non arrenderti subito.*

Misi in moto la macchina e andai al supermercato, anche se odiavo fare la spesa. Percorrere le lunghe corsie era doloroso quasi quanto andare all'aeroporto. Il negozio vicino a casa mia non era nulla di speciale, ma almeno aveva le corsie ampie, mentre ce n'erano altri dalle corsie così strette che con la mia stazza ne bloccavo il passaggio, provocando decine di incroci imbarazzanti in cui dovevo stringermi di lato o fare retromarcia come un pullman intrappolato in una stradina di montagna. Per non parlare degli sguardi odiosi dei bambini o delle espressioni disgustate di qualche diciannovenne californiana magra come un chiodo. Era un'esperienza faticosa e umiliante: non esattamente come uno vorrebbe sentirsi quando spende il proprio denaro.

Comunque sia, avevo smesso di comprare prodotti freschi dieci anni prima, dato che finivano inevitabilmente per marcire in fondo al frigorifero. Ero stufo di buttare via quelle buste di plastica piene di un'indistinguibile massa informe e marroncina. A che serviva la roba fresca? Perché mai comprare altro se non prodotti in scatola, congelati o confezionati, con almeno sei mesi di vita? E a pensarci bene, perché mai andare al supermercato? Qualsiasi prodotto non deperibile è acquistabile online e ti arriva dritto a casa, proprio come le mutande e tutto il resto. Era molto più facile seguire la «dieta del finestrino», cioè consumare solo quello che ti veniva consegnato direttamente in macchina o davanti alla porta di casa. Meno contatti umani avevo e meglio era.

Tuttavia, sapevo che in casa non avevo nemmeno uno degli ingredienti delle ricette della dottoressa Preeti, per cui, se volevo provarci, dovevo per forza di cose fare la spesa. Non appena parcheggiai, vidi una donna con indosso un paio di leggings che portava a passeggio un chihuahua legato a un guinzaglio rosa tempestato di cristalli. Sembra un topo, pensai. Di certo non ne avrei mai preso uno così. Poco oltre vidi un'altra donna con un altro cane, grande e marrone, che le arrivava ai fianchi. Pensai al fastidio che mi avrebbe dato in casa una bestia del genere. Poi vidi un altro cane, un labrador legato a un palo fuori dal supermercato, che aspettava ansiosamente il padrone, e poco distante un cagnetto di chissà quale razza che ansimava come un matto sul sedile posteriore dell'auto parcheggiata di fianco a me. All'improvviso c'erano cani dappertutto! Strano, non ne avevo mai visti così tanti nel mio quartiere.

Sentii una fitta alle caviglie mentre prendevo un carrello e mi trascinavo all'interno con in mano la lista della spesa. Seguii il traffico dei clienti attraverso l'intero reparto latticini, rendendomi conto che non c'era un singolo prodotto presente sulla mia lista. Oltrepassai anche il banco della gastronomia mentre guardavo le indicazioni sulle corsie nella speranza di individuare qualcuno di quegli ingredienti dai nomi esotici che, secondo la dottoressa, dovevo procurarmi. *Che diavolo è la quinoa? E come si pronuncia?*

Alla fine trovai una corsia in cui c'erano ben due degli ingredienti che ricorrevano più spesso: riso e fagioli. Non c'ero mai passato prima, per cui non avevo idea di dove fossero le cose. C'erano scatole di riso, sacchetti di riso istantaneo, vasetti di riso per il microonde, riso alla messicana, riso basmati, selvatico, misto. Finalmente trovai una confezione di riso lungo integrale. *Questo mi sembra giusto.* La buttai nel carrello. Davanti ai fagioli ero ancora più perplesso. Non sapevo quali comprare né come cucinarli. Presi una confezione a caso e lessi che bisognava metterli in ammollo per otto ore. *Otto ore? Non ho otto ore, mi servono per cena!* Quindi scelsi quelli in scatola e presi una confezione di fagioli rossi e una di fagioli neri.

Proprio in quel momento, una giovane donna mi venne incontro con una bambina appollaiata nel carrello, non nell'apposito sedile, ma nel vano principale, dove si muoveva su e giù come in una gabbietta su ruote. La bimba canticchiava qualcosa tra sé e sé, e faceva ondeggiare il vestitino giallo avanti e indietro al ritmo di quella musica. Poi si pigiò contro la parte anteriore del carrello e spalancò le braccia, come Kate Winslet sulla prua del *Titanic*, mentre fluttuava di fianco ai fagioli. All'improvviso aprì gli occhi, mi vide e trattenne il fiato spaventata. Poi scoppiò a ridere, si girò e disse: «Guarda mamma! Un gigante!»

«Ehi», disse la mamma, poi la sgridò a bassa voce in spagnolo. «Mi scusi», aggiunse mentre passava oltre velocemente.

«Non fa nulla», risposi, anche se non era vero.

Ero già stanco, e a quel punto volevo solo rintanarmi in una grotta. Presi la via più breve per uscire di lì, ma mi venne in mente l'ordine della dottoressa: almeno metà piatto di frutta e verdura. Passai quindi dal reparto dei prodotti freschi. Anche lì non conoscevo quasi nessuna delle verdure elencate. Decisi dunque di restare sul semplice: presi qualche arancia, un po' di mele e un po' di banane. Sapevo che non mi piacevano i broccoli, ma udii la voce di mia madre che diceva: «Come fai a sapere se non ti piacciono, se non li hai mai provati?» Ma che importa, mi dissi, neanche alla mamma piacevano le verdure. Ero cresciuto negli anni Sessanta, un'epoca in cui quasi tutti gli americani mangiavano solo roba confezionata. Mi rassegnai al mio nuovo destino e buttai un grosso broccolo nel carrello. Prima di uscire presi anche una pagnotta, per la colazione. Pane tostato e caffè mi avevano dato le forze per uscire da molti alberghi, nel corso degli anni: cara vecchia colazione continentale. Ero abbastanza sicuro di avere ancora burro e marmellata in frigorifero (anche se non sapevo se fossero scaduti o meno). Presi anche la mia razione di sei scatolette di tonno, la mia deroga non vegetariana, la mia scorta di emergenza per allontanarmi dalle mie abitudini attuali.

All'uscita notai che la cassiera mi guardava la pancia un po' più a lungo del solito. Abbassai lo sguardo e vidi una grossa striscia nera sulla camicia, appena sopra l'ombelico. Dovevo essermela fatta contro una delle cassette della frutta, forse quando mi ero allungato per prendere le banane più mature in cima alla pila. Lei non disse nulla, ma non serviva. Ero uno straccione, un grosso, grasso straccione. Ennesima umiliazione. Nel parcheggio strinsi nuovamente il volante, cercando di non crollare, imponendomi di andare avanti. Tornai a casa, portai su la spesa con fatica, la riordinai e crollai sul divano.

Quando mi risvegliai dalla pennichella feci qualche telefonata di lavoro, poi mi dedicai al passo successivo del programma: adottare un cane. Aprii Google e digitai «Adottare un cane a San Jose». Comparvero risultati di ogni tipo: c'erano rifugi indipendenti, siti collegati ai principali enti di difesa degli animali, come la PETA (Persone per un trattamento etico degli animali) e l'ASPCA (Società americana per la prevenzione della crudeltà verso gli animali), e vari negozi di animali, ma quella che mi colpì maggiormente fu la pagina della Humane Society Silicon Valley (HSSV), l'organizzazione nominata dalla dottoressa Preeti. Aveva di gran lunga la più ampia scelta di cani in attesa di adozione, per cui iniziai a vagliare le proposte. C'erano alcuni cagnetti da tre-quattro chili davvero carini. Una si chiamava Fifi, e potevo immaginarmela a passeggio tutta impettita come un cavallo da parata con il suo collarino rosa con i brillantini... *Non fa per me*. C'erano anche molti chihuahua e tantissime altre razze! Cani marroni, neri, beige, bianchi, a macchie, con il pelo corto, il pelo lungo e misti. Chi avrebbe mai immaginato che un chihuahua può accoppiarsi con un pit bull? E come si chiamava il risultato? Un *pit-huahua* o un *chi-bull*? Mi piacevano i pit bull, erano sicuramente una razza «da maschi», ma continuai la ricerca e trovai tantissimi animali che erano una via di mezzo, tutti completi di descrizioni e avvertimenti, come per esempio «Niente gatti e bambini piccoli», o viceversa «Ideale per famiglie con bambini piccoli: adatto a tutti!»

Ero rientrato nell'ordine di idee di far funzionare il programma, per cui ricercai le caratteristiche delle diverse razze, per individuare il cane ideale per me, ossia uno che fosse allegro e di compagnia fin dall'inizio, senza problemi comportamentali; che non facesse mai la pipì o la cacca in casa (che non l'avesse mai fatta in vita sua), non abbaiasse mai, fosse sempre tranquillo, non perdesse pelo e soprattutto non rosicchiasse tende, mobili o scarpe. Alla fine giunsi alla conclusione che quello che faceva per me era un golden retriever adulto e già addestrato di pochi chili. Anche se era quasi sera, non volli aspettare: telefonai alla HSSV e spiegai alla gentile volontaria che cosa cercavo. «Ne avete uno così?» conclusi.

«Mm... Aspetti che le passo Casaundra: è lei che gestisce gli affidi e le adozioni, e la seguirà durante il processo. Attenda in linea.»

Un minuto dopo iniziai la conversazione che avrebbe cambiato la mia vita per sempre.

«Pronto, sono Casaundra. Lei è Eric?»

«Sì.»

«Mi dicono che vuole adottare un cane.»

«Sì. Be', me lo ha prescritto il dottore: mi ha detto di prendere un cane in canile, ma non ne ho mai avuto uno prima d'ora, per cui ne cerco uno che sia davvero facile da seguire, socievole, che vada d'accordo con tutti; non troppo grande, che non perda pelo o disturbi i vicini o faccia i bisogni in casa. Non so quale razza risponda meglio a questi requisiti, ma mi sono fatto un'idea di quel che serve e spero ne abbiate uno così», dissi praticamente senza prendere fiato.

«Il suo dottore le ha prescritto un cane?»

«Sì, è una naturopata e crede nella medicina olistica, cura la persona nel suo complesso, e pensa che un cane mi farebbe bene.»

«Ah, e perché?»

«Mah, forse dovrei dirle che sono in sovrappeso, parecchio, ma sto cercando di cambiare. La dottoressa mi ha messo a dieta e vuole che mi prenda un cane così sarò costretto a portarlo a passeggio due volte al giorno, facendo così un po' di esercizio.»

«Oh bene. Allora vorrei farle qualche domanda, per capire meglio cosa cerca e cosa può offrire a uno dei nostri animali.»

Offrire a uno dei loro animali? «Certo, faccia pure.»

Nei quaranta minuti successivi Casaundra mi fece un vero e proprio interrogatorio. Mi chiese così tante cose sulla mia vita e il mio passato, e sulle mie intenzioni riguardo a questo cane immaginario, quanto la dottoressa me ne aveva fatte quella mattina stessa. Da «Vive da solo?» a «Ha mai avuto in casa un animale di qualsiasi tipo?», fino a «Quanto cammina adesso?»

A quest'ultima domanda risposi: «Be', non ho ancora cominciato, ma ho intenzione di partire subito». *Che fatica adottare un cane!* Pensavo che sarebbe bastato spiegare cosa volevo e sceglierne uno, anzi magari me lo avrebbero pure consegnato direttamente a casa. Mi chiese se conoscevo persone che avevano cani e come reagivo con i loro amici a quattro zampe e con quelli che incontravo in giro; che lavoro facessi e quanto viaggiassi. Durante la telefonata, ritornò più volte sul fatto che si trattava di un «impegno permanente».

«Un cane non è un giocattolo. Non si può fare una prova e poi riportarlo indietro. Un cane ha bisogno di amore e attenzione, e si lega alla sua famiglia, capisce? Vuole essere parte di una famiglia. È sicuro? Sarà in grado di mantenere l'impegno?»

Da come parlava si sentiva che la cosa le stava davvero a cuore. Quindi riflettei seriamente per qualche secondo e le diedi una risposta chiara: «Sì, sono davvero sicuro di impegnarmi. Per me è molto importante riuscire a farcela. E per molti versi la mia vita dipende da questa decisione. Capisco perché me lo chiede, però: è sicuramente un grande impegno e forse dovrei prendere un cane già vecchio, così non mi impegnerò per troppo tempo. Pensa che sarebbe più facile?»

Oggi mi sembra impossibile aver fatto una domanda del genere, ma all'epoca pensavo davvero che un cane vecchio sarebbe vissuto solo un paio d'anni, e quindi l'impegno sarebbe stato minore. Quanto mi sarei pentito di quell'idea...

«Di questo non sono sicura», rispose Casaundra.

«Senta, tutto quel che so è che voglio far funzionare questo programma. Sarà un grosso cambiamento per me, e questo mi rende un po' nervoso, ma tutto mi dice di seguire il consiglio della dottoressa. Quando sono uscito dal suo studio sono andato subito al supermercato e ho comprato riso e fagioli, perché voglio perdere peso e rimettermi in salute. Voglio vivere, cambiare la mia vita in meglio, davvero, e la dottoressa ritiene che un cane possa aiutarmi.»

Casaundra era sicuramente brava ad ascoltare. Nel mio lavoro cerco sempre di fare tante domande ai miei clienti, per scoprire tutto su di loro e vendergli il prodotto più adatto alle loro esigenze. In questo modo se sono contenti tornano da me e mi consigliano agli amici. Quindi ero contento di dirle tutto quello che voleva sapere e capivo che prendeva il proprio lavoro molto sul serio. Amava i cani e voleva accertarsi che stessi facendo la scelta giusta. La conoscevo sì e no da una mezzoretta, e per giunta solo telefonicamente, ma la sua voce trasmetteva fiducia. Ero certo che aveva capito le mie esigenze e che avrebbe agito nel mio migliore interesse. «Senta», le dissi infine, «forse dovrei prendermi un cane di mezza età e in sovrappeso, così almeno avremo qualcosa in comune.»

La battuta la fece ridere, ma anche riflettere.

«Sa che le dico? Forse ho il cane adatto a lei. È in affido, in questo momento. Mi lasci fare una telefonata per vedere come sta, e domani le faccio sapere qualcosa.»

«Va bene, a domani.»

Era ormai ora di cena e avevo una fame da morire. Lessi in fretta le istruzioni riportate sul pacchetto di riso e scoprii che purtroppo ci volevano quaranta minuti per cucinarlo. Ne misi due tazze in una pentola con dell'acqua. La portai a bollore, la coprii e ridussi il calore per «cuocere a fuoco lento», che presumevo volesse dire bollire ma non troppo. Quando controllai cinque minuti dopo, infatti, il riso sobbolliva, per cui ero a posto.

Mentre aspettavo, cercai su Google «Come cucinare i broccoli». Il primo metodo diceva di «sbollentarli» e sembrava troppo complicato: immergere in acqua bollente e quindi in acqua ghiacciata? Il secondo era la cottura a vapore, e mi ricordai che avevo una pentola apposita in casa: l'avevo presa insieme a una batteria economica comprata anni prima e non l'avevo mai usata, nemmeno una volta. La tirai fuori, misi l'acqua nella parte inferiore e accesi il fuoco al massimo; tagliai e buttai via il gambo del broccolo, come diceva la ricetta (anche se mi sembrava uno spreco), e sistemai il resto nella parte superiore della pentola. Coprii e passai ai fagioli. Solo allora mi resi conto che mi ero completamente scordato di leggere la ricetta sui fogli della dottoressa. Lo feci e scoprii che nella fretta di uscire dal supermercato avevo dimenticato di comprare le spezie. Inoltre, nella ricetta il riso e i fagioli venivano cotti insieme in una *slow cooker*, una pentola elettrica per la cottura lenta. *Ops*. Speravo che andasse bene anche cuocerli separatamente e mescolarli alla fine. Voglio dire, non poteva mica essere così complicato? Sull'etichetta di una delle due scatolette di fagioli che avevo comprato c'era scritto «fagioli stufati». Al supermercato non avevo riflettuto su cosa significasse, però in quel momento ero contento perché voleva dire che erano già conditi. Lessi gli ingredienti e infatti c'erano un sacco di condimenti e aromi. Però c'era anche un ingrediente che non mi sarei mai aspettato: carne di maiale.

Eh? Quei fagioli non erano vegetariani. Che strano, pensai, perché vendere vegetali non vegetali? Se uno compra una scatoletta di fagioli si aspetta che dentro ci siano fagioli, mi sembra ovvio. Perché non scrivere «fagioli e maiale» sull'etichetta? Non lo avrei mai scoperto se non avessi letto gli ingredienti scritti a lettere microscopiche. E se fosse stata una cosa importante? Se fossi stato allergico al maiale, o non lo mangiassi per motivi religiosi? Mi sembrava un caso di etichettatura ingannevole.

A quel punto valutai se usarli lo stesso, e alla fine decisi di no, perché avevo già deviato abbastanza dal programma della dottoressa. Quindi riscaldai la scatoletta di fagioli rossi, che quanto meno elencava un solo ingrediente: fagioli. Non avevo un'altra pentola media o piccola in casa, per cui li versai in una scodella e li riscaldai nel microonde. Dopo un minuto erano schizzati dappertutto, creando un pasticcio che di certo non avevo voglia di pulire. Richiusi la porta e li lasciai là dov'erano, almeno non si freddavano. Mentre aspettavo il riso e i broccoli, mi mangiai una mela. Poi mangiai anche un'arancia. Mi piaceva il succo d'arancia, ma non mangiavo un'arancia vera dai tempi delle elementari. Stranamente, però, ricordavo benissimo l'amarognolo delle parti bianche, per cui mi impegnai per evitarle. Il gusto era buono, ma estrarre il succo fu un'esperienza estenuante e appiccicosa, e dovetti lavarmi le mani una volta finito. *Che palle*, pensai. *Perché non le vendono già sbucciate?*

Quando mancavano circa dieci minuti alla cottura del riso, notai che dalla pentola usciva fumo. Aprii il coperchio e fui investito da uno sbuffo marroncino: l'acqua era finita. Mentre toglievo la pentola dal fuoco, scattò il rilevatore antincendio. Il rumore mi perforò i timpani, mentre un terribile puzzo di bruciato riempiva la casa.

«Maledizione!» gridai, mentre sventagliavo i fogli della dottoressa per allontanare il fumo dal rilevatore. Poi spalancai di corsa la porta del balcone. Abitavo in una palazzina piuttosto grande, e sapevo che se fosse andato avanti per più di un minuto, il mio allarme avrebbe innescato quello generale, provocando l'intervento dei vigili del fuoco e costringendo tutti i miei condomini a evacuare. All'ora di cena.

Già immaginavo gli sguardi accusatori puntati su di me: il ciccione del 313. *Mi manca solo questa.*

Per fortuna l'allarme cessò in tempo. Guardai nella pentola e vidi una poltiglia informe circondata da una crosta bruciata. Il riso sul fondo era così nero che non si staccava nemmeno con un cucchiaio di metallo, mentre quello al centro era quasi crudo.

«Maledizione!» gridai di nuovo: avevo dimenticato i broccoli sul fuoco. Scoperchiai la pentola e trovai una distesa di alberelli disintegrati che esalavano il loro ultimo respiro. Almeno erano ancora verdi e non erano bruciati. Sperai che fossero ancora commestibili.

Salvai tutto il riso semicotto dal centro della pentola e lo misi in un piatto insieme ai fagioli del microonde. Ci aggiunsi anche i broccoli. Un primo assaggio mi riportò direttamente al centro di addestramento dell'esercito: era una sbobba irriconoscibile. *È peggio di quel che servono in carcere.* In particolare la consistenza.

Non riuscivo a credere al pasticcio che avevo combinato. Coprii tutto con sale e pepe e mi costrinsi a finire il piatto, a mo' di punizione. Se volevo far funzionare il programma dovevo impegnarmi di più. La dottoressa Preeti mi aveva dedicato un'ora e mezza, e sembrava davvero interessata a quel che le dicevo e a ciò che dovevo fare per sentirmi meglio. Casaundra mi aveva dedicato quasi un'ora del suo tempo al telefono, solo per individuare il cane più adatto a me e alle mie abitudini. Io invece avevo fatto tutto di fretta e rovinato il mio primo pasto, come se non mi importasse nulla della persona che doveva mangiarlo.

Mi alzai da tavola e lavai i piatti. Avevo già fatto venti minuti di attività fisica camminando nel supermercato, e anche lavare i piatti era una forma di esercizio. I segni di bruciato nella pentola del riso non venivano via neanche sfregandoli, per cui la buttai nella spazzatura. Era solo una pentola di alluminio economica. Dovevo comprarmi degli utensili migliori e imparare a cucinare, anziché limitarmi a seguire le indicazioni generiche riportate sui pacchetti.

Trascorsi l'ora successiva a guardare la televisione sul sofà, costringendomi a finire tutte le arance, le mele e le banane che avevo comprato, solo per saziarmi. La dottoressa mi aveva detto di non badare alle calorie, per cui lo feci. Non mi importava la quantità di cibo che mi infilavo in bocca: lo facevo e basta. Anche così, però, non era molto rispetto alle due pizze extralarge cui ero abituato. Per qualche ragione non mi venne sonno subito dopo cena, e più tardi, quando mi alzai per andare a letto, scoprii che non avevo la solita rigidità di stomaco, quella sensazione di contrazione acidula che mi veniva ogni volta che avevo fame. Avevo *sempre* fame quand'era ora di andare a letto. Se non facevo uno spuntino prima di lavarmi i denti, mi addormentavo sognando ciò che avrei mangiato a colazione.

Quella sera, invece, ero stranamente sazio.

Che strano, pensai.

4

Primi incontri

Avevo il mal di testa, e anche il mal di pancia. Ginocchia e caviglie mi dolevano perché avevo camminato nel negozio per animali. Anche la schiena mi faceva male, perché avevo sollevato i grossi sacchi di costosissimo cibo per cani, prima per metterli nel carrello e poi per trasferirli nel bagagliaio. Eppure mentre raggiungevo l'ingresso della Humane Society Silicon Valley ero elettrizzato, perché sapevo che ne sarei uscito con un cane.

Casaundra mi aveva richiamato poco prima di mezzogiorno, assolutamente certa di aver trovato il cane ideale per me. Mi aveva dato un elenco di cose da comprare: un lettino o una cuccia, un guinzaglio, una ciotola per l'acqua e una per il cibo e così via, e mi aveva chiesto di passare a firmare qualche documento quel pomeriggio stesso. L'idea era incontrarci di persona e rispondere a un'ultima serie di domande, dopodiché, se tutto fosse andato bene, avrei incontrato il mio nuovo cane. Quest'ultima parte mi rendeva un po' nervoso. Casaundra era molto seria e una parte di me si chiedeva se fossi pronto per diventare il «padre» di uno dei suoi «bimbi». Avrei voluto sentirmi un po' meglio fisicamente. Al risveglio andava tutto bene, per colazione avevo mangiato fiocchi di avena e frutta. Non avevo nemmeno macchiato il caffè con la panna, ma l'avevo preso come un vero guerriero della strada: nero. In quel momento però mi sentivo lo stomaco in subbuglio, e in più avevo il mal di testa; speravo di non essermi preso qualcosa.

La sede della HSSV era più imponente di quel che immaginavo. Gli addetti la definivano un «centro sociale per animali» e in effetti somigliava più a un campus universitario che a un rifugio per animali. Vicino al parcheggio c'erano alcune aree recintate dove diversi volontari giocavano con dei cani, e un vialetto d'ingresso alberato con una fontana di lato, che fronteggiava un grande edificio moderno di mattoni rossi, vetro e acciaio. All'interno tutto era pulito e luccicante, come in una scuola nuova di zecca. Fui accolto da larghi sorrisi, e dissi che avevo un appuntamento con Casaundra. Mi chiesero di accomodarmi e notai un cane accoccolato ai piedi di una delle dipendenti che scriveva al computer. *Dev'essere un bel posto di lavoro per uno che ama i cani.*

La ragazza che mi aveva accolto telefonò a Casaundra, dopodiché mi consegnò una serie di moduli. Li riempii tutti: volevano parecchie informazioni sul mio passato e tutti i miei contatti. Era un formulario molto dettagliato, come quelli che si compilano dal mèdico. Quando lo restituii, mi chiese di fare una fotocopia della mia patente.

«Caspita, certo che siete meticolosi!»

«Certo. È emozionato?»

«Sì, e anche un po' nervoso. Non ho mai avuto un cane prima d'ora.»

«Davvero? Io non ho mai vissuto senza un cane, nemmeno da piccola. Non riesco neanche a immaginare la vita senza un cane.»

«Spero di piacergli.»

«Sono sicura che la amerà.»

Era una parola strana per me: «amare». I cani amavano? Come facevamo a saperlo?

«Casaundra arriverà tra un minuto», disse.

Quando la vidi, non era affatto come mi aspettavo. Dalla voce e dai suoi modi professionali mi aspettavo una persona, come dire... più tradizionale, come un direttore di banca o un preside di scuola. Invece mi trovai davanti una donna con i capelli neri sparati e piena di tatuaggi e piercing. Aveva un'aria da dura, una che sa muoversi nei peggiori quartieri di Oakland, il che mi ricordò di non giudicare mai qualcuno dal suo aspetto (o, in quel caso, dalla voce!). Sorrise e mi strinse la mano. Era affabile e genuinamente contenta di conoscermi. Mi accompagnò nel suo ufficio, dove trovai ben sette cani accoccolati ai suoi piedi! Sette cagnetti, tutti con il maglioncino oppure distesi su morbide coperte. Mi disse che erano prossimi alla fine, oppure malati, o avevano subito un trauma ed erano ritenuti inadatti all'adozione. Non appena entrammo nell'ufficio le corsero tutti intorno, e poi fecero lo stesso con me. Mi sentivo come un bimbo circondato da un mare di cuccioli. Erano davvero belli. Sedetti su una sedia per accarezzarli e mi leccarono le mani; poi ripresero a correre avanti e indietro tra me e Casaundra, tutti eccitatissimi. Solo con la nostra presenza avevamo trasformato un normale ufficio in una festa per cani!

Quella donna con l'aria da dura si era dedicata ad accudire i cani abbandonati della Silicon Valley, per dare loro una vita comoda e felice almeno negli ultimi giorni. Se li portava a casa ogni sera e li riportava in ufficio ogni giorno, per non lasciarli mai soli.

«Ah sì», disse una collega che aveva fatto capolino dal corridoio per vedere cosa fosse quel trambusto. «Ne ha sempre sette o otto con lei. Casaundra è il nostro angelo, questo è certo.»

Parlammo per qualche minuto, e in quel lasso di tempo sono sicuro che fissai il pavimento o i cani troppo a lungo, anziché guardarla negli occhi. Ero davvero preoccupato che rifiutasse la mia richiesta, in particolare quando mi chiese, ancora una volta, se fossi davvero convinto di quello che stavo facendo. Il fatto è che, mentre accarezzavo i cani del suo ufficio e vedevo la loro felicità e quella che loro trasmettevano a lei, ero più sicuro che mai. Quindi la guardai negli occhi e affermai con convinzione: «Assolutamente sì». Non sapevo come avrei fatto, né come un cane mi avrebbe aiutato a perdere peso o a rimettermi in salute, ma sentivo che stavo seguendo i segni del cielo, che in fin dei conti mi avevano condotto al cospetto di un angelo.

Casaundra mi accompagnò in una sala d'attesa con due porte. Era completamente vuota, tranne per una sedia e una panca. C'era una sola finestra ma aveva il vetro smerigliato, per cui entrava luce ma non si vedeva nulla attraverso. Il pavimento era di cemento con uno scolo al centro.

«Ora, sa come si saluta un cane che non abbiamo mai incontrato, giusto?» disse.

«No, temo di no.»

«Si porge la mano così, con il polso in giù e le dita chiuse a pugno, per non rischiare che ti morda.»

Mi morderà? Imitai il suo gesto.

«E poi, testa bassa, sguardo a terra, così non penserà che vuole dominarlo. Non lo guardi negli occhi, all'inizio.» Quello non era certo un problema per me. «Si mostri un po' sottomesso, così che lui si senta sicuro. Magari si sieda, lasci che le annusi la mano, e poi la cosa migliore da fare è aspettare che sia lui a venire da lei. Non provi ad accarezzarlo subito, gli dia un momento. È bravissimo, quando ti conosce.»

Quando ti conosce? Dalla descrizione non sembrava l'allegro golden retriever per cui ero venuto.

«Va bene. Pronto per incontrare il suo cane ideale?»

«Prontissimo.»

Casaundra uscì dalla stanza e io feci un respiro profondo. Il mio cuore batteva forte. Restai in quella cella d'isolamento in trepidante attesa finché udii un rumore di passi che si avvicinavano; unghie di cane sul cemento. La maniglia si abbassò, la porta si aprì. Un naso nero cercò di entrare e poi Casaundra spalancò la porta. Ed eccolo lì: un cagnone bianco e nero, un po' cicciotto, che si muoveva lento con la testa a ciondoloni. Mi guardò, poi abbandonò di nuovo il capo con una chiara espressione di delusione, del tipo: No... Questo fallito? Non è che mi avete portato nella stanza sbagliata?

Temo che anch'io lo guardai con la medesima espressione. Questo non è affatto il cane che mi immaginavo, pensai.

«Eric, ti presento Raider. Raider, questo è Eric», disse Casaundra.

«Raider?»

«Come gli Oakland Raiders. I padroni erano tifosi, e lui è bianco e nero come la divisa di gioco, per cui...»

I Raiders erano la squadra di football che più detestavo al mondo. Avevo amici che si vantavano di odiarli con tutto il cuore.

Gli offrii la mano e guardai in basso, proprio come mi aveva insegnato Casaundra. Sentii il suo naso bagnato sulle nocche, e solo a quel punto lo riguardai negli occhi. Giuro che aveva ancora la stessa espressione delusa; probabilmente perché anch'io ce l'avevo. Aveva anche l'aria depressa. Non avevo mai visto un cane depresso prima di allora, ma era davvero quella l'impressione che dava. E non era piccolo: oltre a essere grasso, mi arrivava alle ginocchia. Sarà stato sui trentacinque chili. In alcuni punti il pelo era sporco e arruffato, e sembrava l'esatto opposto di un cane felice.

«Di che razza è?»

«È un incrocio fra un border collie e un pastore australiano, per quel che ne sappiamo.»

«Cavoli, ma non sono due razze super energiche? Che hanno bisogno di un sacco di esercizio?»

«Normalmente sì, sono cani molto agili, ma come vede questo ha già una certa età ed è in sovrappeso, proprio come mi ha chiesto lei, e questo significa che ha bisogno di cambiare abitudini, proprio come lei. Non volevo darle un cane in forma smagliante che ha bisogno di correre ogni giorno, non sarebbe stato un buon abbinamento, capisce? Lui è lento, fuori forma, con le articolazioni gonfie. Deve riprendere a camminare, il che corrisponde a ciò che le ha consigliato il medico, giusto?»

«Sì, credo di sì. Quanti anni ha?»

«Sette.»

Mentre parlavamo, Casaundra staccò il guinzaglio e Raider annusò il perimetro della stanza. Chissà quanti altri cani erano passati di lì, pensai, e chissà quanti altri esseri umani come me, forse altrettanto scettici nei confronti del risultato di quel programma per abbinare un cane e un padrone. Ma non volevo deludere Casaundra, sapevo che si era impegnata per me e che amava il suo lavoro. Pensai: è il suo mestiere ed è davvero appassionata. Sono sicuro che non sta cercando di rifilarmi questo cane solo perché nessuno lo vuole. Forse è un altro segno. Volevo darle il beneficio del dubbio. «Perché lo hanno abbandonato?»

Lei sfogliò le carte che aveva in mano: «C'è stato un divorzio… Non si prendevano cura di lui come avrebbero dovuto. È rimasto parecchio tempo chiuso in un cortile da solo, quando la persona che si occupava di lui è andata all'università. Alla fine la sua famiglia ha pensato che forse poteva trovare una casa migliore altrove.»

Dopo aver perlustrato la stanza, Raider mi si avvicinò e mi annusò le scarpe. Poi mi guardò e io allungai la mano per grattarlo dietro le orecchie. Mi lasciò fare e spinse contro la mano, per cui lo grattai con maggior vigore. Gli piaceva. Quando mi fermai un attimo, si stese a terra vicino ai miei piedi. Mi piegai per coccolarlo ancora.

«Ma guarda un po', già gli piace», disse Casaundra. «Dunque, ecco qualche cosetta da sapere su di lui. L'esame comportamentale dice niente bambini, per qualche episodio di nervosismo e paura in presenza di bambini o ragazzi. Ecco un altro motivo per cui ho pensato che la sua casa sarebbe perfetta per lui, perché lei vive da solo. Quando è arrivato qui era molto stressato, evitava le persone, non gli interessavano le ricompense. Mostrava il bianco degli occhi, che significa: Stammi lontano. Era chiaro che non stava bene in questo ambiente, pieno di altri cani.»

«Wow», dissi. Mi colpirono tutte quelle riflessioni sulle emozioni di un cane.

«Qui c'è scritto che è stato attaccato da un pastore tedesco quando era cucciolo e che è aggressivo soprattutto nei confronti di quella razza, ma ha anche un problema con il guinzaglio in generale, ossia abbaia ai cani e alle persone ogni volta che è legato. Aveva bisogno di un ambiente migliore, per cui l'ho dato in affido. Anche in questi casi cerchiamo il posto più adatto e Melissa, la ragazza cui l'ho affidato, è una professionista. Non accoglie molti cani, ma ama le razze da pastore, e non ha bambini, per cui era un ottimo abbinamento.»

«E come stava da lei?»

«Allora, una volta a casa sua si è rilassato molto. Qui dice che stava bene. È addestrato a stare in gabbia e a non sporcare in casa. Ama l'aria aperta quando è senza guinzaglio in un'area controllata. Non salta addosso alle persone, non è invadente e conosce i comandi basilari. Non abbaia alle persone ed è molto concentrato sui gatti randagi, dice qui. Ah, e l'hanno portato in una baita. Lì andava d'accordo con gli altri cani, tranne uno. Gli piace camminare, e gli piace la neve. Quindi andava bene, e questo dopo solo dieci giorni di affido.»

«Davvero?»

«Sì. Se si trasferisce in una casa tranquilla come la sua, e pian pianino riprende a fare del moto, credo che si riprenderà in fretta. Credo che vi riprenderete entrambi in fretta. Ho un ottimo presentimento. Abbia un po' di pazienza e gli dia del tempo. Si ricordi che ha avuto una vita difficile. Aveva una famiglia che è cambiata e questo gli ha provocato un certo stress, poi la famiglia lo ha abbandonato qui. E per giunta era già stato adottato da piccolo, da un altro rifugio. Quindi ha avuto due famiglie e superato due adozioni e il trauma del rifugio, e non dimentichiamo l'affido. Gli ci vorrà un po' di tempo per riabituarsi.»

«Poveraccio.» Di colpo mi resi conto della vitaccia che quel cane aveva avuto. Immaginavo cosa volesse dire far parte di una famiglia che a un certo punto ti abbandona, e poi trovarne un'altra che ti molla di nuovo. Non so perché mi commossi così tanto, non avevo mai provato empatia per le sofferenze degli animali. Non ero un animalista, un tipo da Greenpeace, né mi toccavano le pubblicità televisive che incentivano l'adozione. Non che fossi indifferente alla sorte degli animali, solo non ci pensavo spesso. Lo guardai di nuovo e all'improvviso la tristezza che aveva negli occhi non mi sembrò più un riflesso della mia. Era stanchezza, cuore spezzato, solitudine; come se sentisse che era finita, come se stesse per mollare e morire. Come me.

Piansi, anche se non potevo crederci. Lui si rotolò di lato e iniziò ad ansimare un po' mentre continuavo a coccolarlo. Faceva caldo in quella stanza e mi preoccupai: «Sta bene?»

«Sì, credo sia solo un po' teso. I cani percepiscono la tensione di tutti gli altri che sono passati in questa stanza.

È qui che le famiglie vengono ad abbandonarli, per cui si respirano tante emozioni, qui dentro…»

Lo guardai e lo accarezzai in silenzio per un poco, poi dissi: «Posso farle una domanda?»

«Certo.»

«Posso cambiargli il nome?»

«Perché?»

«Senta, io sono della Baia Sud, la patria dei San Francisco 49ers; sono un tifoso dei 49ers e noi odiamo i Raiders. Quindi…»

«Ho capito!» disse ridendo. «Sì, può cambiargli il nome. Forse ci vorrà un po' perché risponda, ma perché no? È un nuovo inizio.»

«Davvero?»

«Certo. Si abituerà, si abituerà…»

«Bene, allora è fatta.»

«Perfetto! Come ho detto, ho un ottimo presentimento riguardo a voi due. Sento che partirete con il piede giusto. Ci vorrà solo un po' di pazienza. Lo porti a passeggio ma non esageri, non provi a fargli conoscere subito tutti i posti in cui va. Nelle prime due settimane lo porti solo fin dove lui ha bisogno di andare per fare i bisogni. Inizi piano piano e andrà tutto bene.»

«Mi piace l'idea di iniziare piano. Sì, grazie, Casaundra.»

«Non c'è di che, Eric. Grazie a lei. Raider la ringrazia. Ah, per quel che riguarda i problemi comportamentali, le suggerisco qualche lezione di addestramento. Vi servirà a legare e renderà più facile la transizione per entrambi. Non costano molto e ne vale davvero la pena.»

«Mm… va bene. Farò come dice lei.»

Attaccai Raider al nuovo guinzaglio, passai dalla reception per firmare un ultimo documento, strinsi la mano a Casaundra e all'improvviso mi ritrovai sul vialetto diretto verso la mia auto. Con un cane.

Una volta fuori, Raider cambiò un po'. Mi passò davanti strattonando il guinzaglio e prese a ondeggiare a destra e a sinistra come se pattugliasse il marciapiede. Abbaiò a un cane in una delle aree recintate e dovetti far forza per trattenerlo e poi sospingerlo: «Andiamo Raider, quel cane non può farti niente. Dai!»

Finalmente riprese a camminare. «Ragazzo mio, dobbiamo cambiarti il nome. Cosa ti starebbe bene?» Stavo parlando con un cane, che strano. Perché lo facevo? Mi aspettavo che rispondesse? Una volta raggiunta la macchina aprii la portiera posteriore pensando che sarebbe saltato dentro da solo. Invece no, restò immobile dov'era.

«Dai, ragazzo, è la tua nuova macchina. Salta su!»

Tirai il guinzaglio provai anche a spingerlo con il ginocchio, ma mi guardò come se non fosse mai salito su un'auto in vita sua, come se non sapesse che fare.

«Dai, ragazzo, puoi farcela.»

Alla fine lo afferrai per il petto e lo sollevai con molta fatica. Dovetti appellarmi a tutte le mie forze per issarlo sul sedile mentre lui scalciava e si dimenava. Avevo paura che mi mordesse, ma non lo fece. Una volta salito si sdraiò, come se non volesse guardare fuori dal finestrino, come se non gli importasse di sapere dove sarebbe finito. Chiusi la portiera e mi appoggiai alla macchina per riprendere fiato.

Rimasi un attimo con gli occhi chiusi e mi godetti il sole in fronte. *Dio, spero di non aver fatto un errore.*

Feci retromarcia per uscire dal parcheggio, e lui restò tranquillamente sdraiato. Sapevo che certi cani provano a saltare davanti mentre guidi, ed ero contento che lui non lo facesse. Ero preoccupato, però. Aggiustai lo specchietto retrovisore per osservarlo: aveva il muso appoggiato sulle zampe anteriori e sembrava guardarmi di sbieco.

«Allora, ragazzo, come ti chiamiamo?»

Per qualche ragione la posizione in cui stava mi fece pensare all'infanzia. All'epoca il mio programma preferito erano le *Simpatiche canaglie*. Avevano un cane, una specie di bulldog con un cerchio nero intorno all'occhio, che non somigliava affatto a quello che aveva appena adottato, che si chiamava Peety. Ma erano ambedue bianchi e neri, e ricordai che allora mi sarebbe piaciuto avere un cane così. In quel momento stavo tornando a casa con il mio primo cane, ed era anche lui bianco e nero. Era destino.

«Che ne dici di 'Peety'? Posso chiamarti così?»

Non so se sia stata una coincidenza, se in quel momento lui abbia udito o annusato qualcosa, o se abbia percepito la positività delle mie reminiscenze infantili che echeggiavano in quel nome, ma non appena dissi «Peety», alzò la testa e mi guardò. Lo presi come un altro segno.

«Allora anche questa è fatta. Peety, andiamo a casa.»

Una volta arrivati al mio condominio, lui uscì dall'auto da solo, ma quando si trovò davanti all'ascensore si bloccò di nuovo, senza sapere che fare. Probabilmente non ne aveva mai visto uno in vita sua. Riuscii a tirarlo dal collare, e lo osservai mentre si guardava intorno nervosamente, perché percepiva il movimento di quella strana scatola di metallo. Poi le porte si aprirono su un ambiente completamente diverso, con una bella illuminazione e la moquette a terra. Era davvero confuso. Eravamo entrati in una scatola in un posto e ne eravamo usciti in uno completamente diverso. Sembrava dicesse: Ehi, ma che succede qui?

Lo accompagnai alla porta del mio appartamento e una volta entrati staccai il guinzaglio. Avanzò lungo il corridoio, oltrepassò la cucina e raggiunse la porta del balcone. Si sdraiò lì ed emise un grande sospiro, mentre io appendevo il guinzaglio al portachiavi da parete.

Ero riuscito a portare su anche una busta di giochi e ricompense, ma avevo lasciato in macchina il cibo e il lettino. Ero troppo stanco per andare a prenderli, e anche lui non sembrava impaziente di uscire, per cui lo lasciai in pace. Crollai sul sofà ed emisi anch'io un grande sospiro. Poi inspirai profondamente e all'improvviso venni raggiunto da un profumino delizioso che si spandeva dalla cucina: era il piatto che avevo iniziato a preparare quella mattina. Me n'ero completamente scordato! Subito dopo la colazione mi ero fatto forza ed ero uscito per fare altri acquisti. Ero andato in un negozio di casalinghi e avevo comprato una pentola elettrica per la cottura lenta, una nuova batteria di pentole e padelle in acciaio inossidabile con il fondo spesso, che, a detta della venditrice, eliminava il rischio di bruciare il cibo distribuendo il calore in modo più uniforme. Seguii i suoi consigli anche a proposito di cottura a vapore e comprai un set di cestelli appositi. Le raccontai del disastro che avevo combinato con i broccoli e mi suggerì: «Io li cuocio al vapore per un paio di minuti appena, perché mi piacciono le verdure *al dente*». Sembrava una cosa molto ricercata, mi piaceva. Comprai anche qualche nuovo utensile, alcune scodelle e altro ancora. Poi tornai al supermercato e acquistai di nuovo frutta e verdura, e altri fagioli, ma questa volta non in scatola. Esaminai l'elenco di ingredienti della dottoressa con maggiore attenzione e comprai un sacco di spezie. Giurai che avrei seguito la sua ricetta del riso con i fagioli alla lettera, e quando tornai a casa misurai tutti gli ingredienti nelle mie nuove scodelle, proprio come si vede fare in televisione, poi misi il riso, i fagioli e le spezie nella pentola a cottura lenta, chiusi il coperchio e l'accesi. Non capivo come quegli ingredienti grezzi si sarebbero mescolati per produrre qualcosa di commestibile per l'ora di cena, ma ero fiducioso.

Sdraiato sul divano, quando mancavano ancora un paio d'ore alla fine della cottura, mi venne l'acquolina in bocca. C'era un profumino che ricordava quello dei ristoranti indiani o mediorientali. Non riuscivo a credere di aver creato qualcosa di così delizioso nella mia cucina. L'aroma faceva sembrare fresco e nuovo tutto l'appartamento, proprio come quella strana luce la mattina in cui mi ero svegliato sul pavimento. Era davvero appagante.

Restai praticamente immobile per due ore, così come Peety, che si muoveva solo per grattarsi. In quei momenti però faceva così tanto rumore che mi svegliava dal mio torpore, e mi innervosiva. Quando dalle finestre trapelò il sole del tardo pomeriggio, notai che ogni grattata sollevava un nuvolone di polvere e pelo. Sapevo che il rifugio non mi avrebbe mai consegnato un cane sporco, per cui quella nuvola doveva essere composta di pelle secca.

«Cavoli, dobbiamo fare qualcosa.»

Mi guardò di nuovo con lo sguardo stanco.

Mi misi a sedere e provai a giocare con lui. Aprii la busta e tirai fuori una palla: «Vuoi giocare? Vuoi la palla?»

La feci rotolare sul pavimento e lui la seguì con gli occhi, osservandola mentre rimbalzava dalla parete e finiva sotto il tavolino del salotto. Non si mosse di un millimetro.

«Non ti piacciono le palle?»

Riappoggiò il muso sulle zampe anteriori. Estrassi un hot dog di gomma che squittiva quando lo schiacciavi. Lo schiacciai più volte, riempiendo la stanza di squittii, poi glielo lanciai. Rimbalzò sulla sua gamba posteriore e cadde a terra.

«Che ne dici della corda? Vuoi giocare al tiro alla fune?»

Feci penzolare la corda dalle dita e la agitai un po', mentre lui mi fissava come se fossi il pagliaccio più noioso del mondo. Gliela lanciai, e ancora una volta non si mosse.

«Allora che ne dici di un bocconcino?» Lì drizzò le orecchie. Tirai fuori un paio di ricompense e mi avvicinai. Gliele offrii sul palmo della mano, inginocchiandomi su una gamba sola, anche se non mi era facile. Le annusò con cautela, poi spinse il naso sulla mia mano e le mangiò.

«Bravo ragazzo» dissi, grattandolo dietro le orecchie. Mi fissò e scodinzolò. «Significa che hai fame? Perché io sì.»

Mi alzai a fatica appoggiandomi alla parete, poi dovetti riprendere fiato. «Sai che ti dico, perché non facciamo subito la nostra prima passeggiata? Andiamo giù, tu fai i tuoi bisognini e io prendo il tuo cibo e il lettino dalla macchina, poi torniamo su e mangiamo. Ti piace come programma?»

Afferrai il contenitore di sacchetti per la raccolta degli escrementi che avevo comprato quella mattina e, non appena toccai il guinzaglio, lui si alzò e si mise al mio fianco. Lo legai, aprii la porta e subito si piazzò davanti a me.

«Come vuoi, allora, guidami tu.»

5

Tempo di pulizie

Non appena uscimmo dall'ascensore e raggiungemmo i gradini di cemento vicino al garage, Peety alzò la gamba e fece pipì contro il muro.

«No, ragazzo! No!», ma il danno era fatto. In un attimo era come se avessero irrorato la parete con un idrante. Ero incredulo, e contento che non vi fossero condomini in giro: gli animali erano ammessi e tollerati, ma non fino a quel punto. Poi Peety vide un altro cane a passeggio con il padrone in fondo all'isolato. «Bau! Bau, bau!» abbaiò aggressivo strattonando il guinzaglio.

«No, Peety, no!» gridai, tirandolo indietro e costringendolo ad andare nella direzione opposta. Quindi mi trascinò verso l'albero più vicino e si fermò per fare un goccio di pipì, e così fece anche all'albero successivo. Lo presi come un buon segno: stava marcando il territorio e forse iniziava a sentirsi a casa. In ogni caso, era lui che mi guidava. Avanzava ondeggiando da un lato all'altro, davanti a me, come se perlustrasse il marciapiede in cerca di nemici. Per mia fortuna, andava piano: dopo quella lunga giornata, ormai mi trascinavo con un passo pesantissimo: *Tum, tum, tum,* come il gigante nella favola di *Giacomino e il fagiolo magico.*

Superammo un paio di persone. Non le guardai né dissi nulla, dato che ero abituato a rendermi invisibile: la mia pancia mi rendeva automaticamente inavvicinabile ovunque andassi. Peety invece guardava tutti e sembrava giudicarli all'istante, e quindi ignorarli o viceversa ringhiargli. Faceva un po' paura, e mi chiesi se percepisse qualcosa nelle persone che io non vedevo. Casaundra mi aveva detto che era «reattivo al guinzaglio», ma non sapevo bene che cosa significasse, fino a quel momento. Avvolsi la corda tre volte intorno al polso e la strinsi con entrambe le mani ogni volta che incrociavamo un passante. Non volevo certo beccarmi una denuncia perché il mio nuovo cane aveva morso qualcuno. Nessuno cercò di fargli le coccole, nessuno disse: «Oh, ma che carino».

Francamente ero contento di non incontrare bambini, dato che non sapevo cosa sarebbe successo se uno di loro avesse tentato di accarezzarlo o toccarlo. Se fosse stato cattivo, sono certo che Casaundra mi avrebbe avvertito. Da come camminava, e visto che era in sovrappeso, sono sicuro che provava dolore alle articolazioni, proprio come me. Forse aveva male dappertutto, e un animale dolorante che si sente minacciato può mordere: era questo il filo logico dei miei pensieri.

Peety finì per fare i bisogni su un fazzoletto di prato a fianco del nostro edificio. Raccolsi gli escrementi con una delle apposite bustine, raccolte in un dispenser attaccato al guinzaglio. Chiunque abbia inventato questo aggeggio ora è milionario, pensai. Era la prima volta che prendevo in mano la pupù, e fu un'esperienza sgradevole proprio come avevo immaginato. Il calore si trasmetteva attraverso il sottile velo di plastica, e anche se cercai di pulire tutto, ne rimase un po' sull'erba. Mi spiaceva, ma almeno eravamo in California, pensai, dove il sistema di irrigazione avrebbe lavato via tutto subito dopo il tramonto. Appena entrammo nel condominio Peety si diresse verso l'ascensore, e quando raggiungemmo il piano svoltò nella direzione giusta e mi guidò fino alla porta dell'appartamento. Di sicuro imparava in fretta.

Io invece ero un po' lento: «Cavoli, ho dimenticato la tua roba da mangiare». Mi arrabbiavo con me stesso quando facevo così. A volte avevo la mente avvolta nella nebbia. Non ne avevo mai parlato con nessuno, ma temevo che fosse un sintomo dell'invecchiamento precoce, e questo mi spaventava. Decisi di far entrare Peety e tornare in garage da solo. Lui raggiunse subito il suo angolino dall'altro lato dell'appartamento, dov'era rimasto quasi tutto il pomeriggio.

«Torno subito», dissi e scesi trascinandomi fino all'ascensore e poi di nuovo in garage, per prendere un enorme sacco di cibo per cani e un ingombrante lettino morbido. Mentre tornavo, vidi i figli del vicino che correvano per il corridoio, e sentii Peety che abbaiava come un pazzo da dietro la porta. Sembrava la stesse distruggendo nel tentativo di aprirsi un varco. Faceva un baccano enorme, come se in casa ci fosse un branco di lupi. Almeno non devo preoccuparmi dei ladri, pensai.

Aprii la porta e venni avvolto dal profumino di riso e

fagioli. Dovevano essere pronti, ormai, e non vedevo l'ora di mangiarli. Mi lavai le mani, misi un po' di cibo nella ciotola di Peety e lo vidi affrettarsi in cucina. Divorò tutto in un attimo e poi mi fissò come a dire: Dai, riempi di nuovo. A me sembrava già tanto e infatti, leggendo sulla confezione, scoprii che gli avevo dato più della dose consigliata per un cane della sua taglia. Doveva perdere peso, per cui non gli diedi altro: «Spiacente, ragazzo. Bevi un po' d'acqua, per la pappa dovrai aspettare fino a colazione».

Finalmente aprii la pentola a cottura lenta e osservai il risultato: aveva un aspetto incredibilmente ricco e stuzzicante. Okay, forse avevo solo tanta fame, dato che non avevo mangiato nulla dalla mattina. Per come ero abituato, mi sembrava comunque solo un contorno, e non una portata principale, ma le spezie si erano mescolate magicamente al resto, e il loro aroma riempiva l'appartamento. Il riso aveva un magnifico colore rosso-marroncino e una consistenza stupenda: si attaccava leggermente al cucchiaio di legno mentre riempivo il piatto. Avvicinai una forchettata al naso per assaporare il profumo da vicino ancora una volta, e poi assaggiai. Il sapore era così fantastico che chiusi gli occhi e masticai estatico.

«Mica male…»

Peety era seduto che mi fissava.

«Sì, okay. Devi assaggiare» dissi, mettendone un poco nella sua ciotola. Annusò e la ingoiò. «Non è squisito?»

Non potevo credere che avevo appena definito squisito un piatto di riso e fagioli, e che avevo cucinato io, per giunta. Ma lo era davvero. La mia nuova pentola era il modello più grande disponibile, e avevo preparato abbastanza cibo per tre o quattro pasti, ma mi presi un secondo piatto, finendone così la metà in un colpo solo, e gustandomi ogni singola forchettata come avevo fatto con la prima.

«Che buono! Che ne dici? Possiamo farcela?»

Non rispose, ovviamente. Quando vide il mio piatto vuoto e capì che non gli avrei dato altro, se ne tornò nel suo angoletto.

«Aspetta, aspetta un attimo, ragazzo.» Mi alzai e presi il lettino, che avevo lasciato vicino alla porta d'ingresso, e glielo sistemai nel suo punto prediletto. Ci salì sopra, girò in tondo un paio di volte e poi si accasciò con un altro grande sospiro.

Lavai di nuovo i piatti a mano, perché pensavo di non aver raggiunto la mia quota di esercizio quotidiano. Mentre rimestavo nel lavandino, tuttavia, guardai l'orologio e feci qualche calcolo a mente: quella mattina avevo girato per due negozi differenti, quaranta minuti in quello di prodotti per la cucina e un quarto d'ora nel supermercato. Ah, e poi ero anche andato nel negozio di animali: un'altra mezz'ora in piedi. Avevo camminato avanti e indietro dal parcheggio della HSSV. Poi avevo portato in giro Peety per quindici minuti, quindi ero tornato in garage a prendere la sua roba. In totale avevo di gran lunga superato i miei venti minuti di esercizio quotidiano, e in quel momento stavo pure lavando i piatti in piedi.

«Ma che faccio!» esclamai, e misi tutto in lavastoviglie. Il mio primo giorno con Peety non era ancora finito, ma grazie a lui mi ero già mosso molto più del solito. Quella sera mi mangiai una mela davanti alla televisione. Solo una mela. Bevvi un paio di bicchieri d'acqua perché avevo più sete del solito, forse per via delle spezie, e quando andai a letto notai di nuovo che non avevo fame. *Ah*.

La mattina successiva mi svegliai con il desiderio di riso e fagioli. Non avevo mai mangiato nulla del genere prima di mezzogiorno, eppure quella mattina ne avevo voglia. Prima, però, mi misi qualcosa addosso e portai fuori Peety, perché temevo dovesse fare urgentemente i bisogni dopo la notte trascorsa in casa. Usciti dall'ascensore cercai di spingerlo subito verso l'erba, ma ancora una volta lui si liberò come un idrante contro la parete del condominio.

«Peety!» gridai, esagerando un po', perché c'era un vicino che stava entrando. «Mi spiace, è nuovo», dissi, cercando di non guardarlo negli occhi.

«Ah sì? Non mi sembra nuovo», rispose quello.

Era un giovane sui trent'anni che avevo già visto altre volte, ma non gli avevo mai parlato.

«Sì, be', l'ho preso al canile solo ieri, non sono ancora riuscito a insegnargli…»

«Wow, che bella cosa, adottare un cane che ha già una certa età. Bravo, ha fatto proprio bene. Buona fortuna!»

Alzai lo sguardo e vidi che sorrideva.

«Grazie», dissi.

Era la conversazione più lunga che avessi mai avuto con un vicino da quando mi ero trasferito lì. Il nostro era un bel condominio in un quartiere abbastanza malfamato della zona est di San Jose. Era un'area soprattutto di ispanici, la stessa in cui era cresciuto il sindacalista César Chávez. Ero sicuramente parte della minoranza, lì, e il nostro edificio spiccava rispetto a quelli che lo circondavano, che erano più vecchi e più piccoli. I costruttori erano stati quasi dei pionieri, e per quel motivo il mio era uno dei pochi appartamenti belli che potevo permettermi in quella regione decisamente costosa.

Non ero mai uscito a piedi prima di allora: andavo direttamente dall'appartamento al garage e viceversa. Evitavo apposta di parlare con chiunque, non tanto per paura, ma perché avevo imparato in generale a scansare le persone. Quindi quel piccolo scambio mi aveva lasciato una sensazione strana, e il fatto che quell'uomo avesse sorriso anziché arrabbiarsi perché il mio cane aveva fatto la pipì sul muro del condominio mi aveva sorpreso.

Quella mattina accompagnai Peety fino alla fine dell'isolato, poi tornammo indietro. Camminammo lentamente, e lui annusò ogni singolo albero e pietra che incontrammo. Finimmo i nostri venti minuti di esercizio quotidiano e poi salimmo in casa. Avevo talmente voglia di riso e fagioli che non mi riposai nemmeno un attimo sul sofà dopo la camminata, come avrei fatto normalmente. Diedi a Peety la sua razione di cibo, che divorò, mentre riscaldavo un piatto di riso nel microonde.

Anche così era delizioso. Finii tutto e mi sentii sazio. Non volevo dimenticarmi il mezzo piatto di frutta e verdure, però, per cui mangiai un'arancia e una banana, e mi ripromisi di cuocere i broccoli al vapore (al dente!) quella sera stessa, nei miei nuovi cestelli di bambù. Decisi anche di rileggermi la ricetta su Internet, per assicurarmi di non combinare un altro pasticcio.

Quel giorno, fra una e-mail di lavoro e l'altra guardai qualche blog di cucina e trovai un consiglio che mi sembrò davvero facile da seguire: «mangiare l'arcobaleno». L'idea era di assumere ogni giorno cibi di tutti i colori. Non avevo mai pensato al colore del cibo, e in quel momento realizzai che i miei piatti abituali erano sempre beige o marroni: hamburger, pollo, pasta. Almeno le uova erano gialle, e il sugo della pasta rosso, ma in generale non c'era molto colore sulla mia tavola. Già quella mattina, invece, avevo mangiato arancio e rosso, e il granata nel riso, e avevo in programma un verde per la cena. Mancava solo il blu. Devo comprarmi dei mirtilli, pensai, e feci un appunto mentale di ripassare dal supermercato, e poi di chiedere alla dottoressa Preeti che cosa ne pensasse del mangiare arcobaleno, ma intuivo già che avrebbe approvato.

Provai di nuovo a giocare con Peety, ma non gli interessava. Dopo due giorni e due notti insieme non sembrava interessato a molto, tranne mangiare e dormire nel suo angoletto. La terza notte, tuttavia, qualcosa cambiò. Non appena spensi le luci, udii i suoi passi attraverso il salotto, poi lo sentii entrare in camera e saltare sul mio letto; fece un paio di giri su se stesso e si accoccolò al mio fianco.

«Ehi, ragazzo», dissi. Lui sospirò, mentre io mi giravo per abbracciarlo. Lo accarezzai con movimenti lunghi, dalla testa fino in fondo alla schiena. Sentivo il calore del suo corpo attraverso le coperte e questa cosa mi piaceva. «Ti stai abituando a me?»

Emise un gemito sospirato. Lo presi come un sì e risi: «Bene».

Sentivo che si addormentava mentre continuavo ad accarezzarlo, e poco dopo mi addormentai anch'io con il mio grosso braccio intorno a lui. Da quel giorno in poi avrebbe dormito sempre nel mio letto. C'era solo un problema: perdeva tantissimo pelo e durante la notte mi svegliava più volte grattandosi. Le preoccupazioni che avevo prima di prenderlo si erano avverate, ed erano dieci volte peggio del previsto. Non avevo mai visto un cane perdere così tanto pelo in vita mia: il letto era coperto di peli, che poi si aggomitolavano per terra come le classiche palle di erba secca nel deserto. Si appiccicavano ai piedi ogni volta che uscivo dalla doccia. Dovevo intervenire, perché la cosa mi mandava fuori di testa, e in più vedevo che lui non stava bene. Sapevo cosa si prova in quei casi, e non solo perché ero in sovrappeso, ma perché soffrivo da tempo di psoriasi a placche: un terribile arrossamento squamoso che in certi periodi si allargava estendendosi a diverse parti del corpo. Prudeva e a volte faceva male. Avevo cercato una cura per anni, ma nulla aveva funzionato. Mi faceva pena vedere Peety grattarsi e spargere in giro pelle e pelo.

Passai all'azione. La prima mossa fu cercare una donna delle pulizie. L'idea che un'estranea sarebbe entrata in casa mia mi spronò a darmi da fare. Passai ore a riordinare l'appartamento solo per non sentirmi in imbarazzo. Lo so, è ridicolo pulire la propria casa per far colpo sulla donna delle pulizie, ma dovevo farlo. Comprai una confezione di sacchi dell'immondizia, quelli spessi e neri, e li riempii con le mutande e le calze usate che avevo accumulato nella camera libera. Facendo più viaggi, li portai tutti nel cassonetto dell'immondizia. Alla fine ero coperto di sudore e crollai sul divano esausto, ma ce l'avevo fatta: la montagna era sparita.

Celia, che preferiva farsi chiamare Sally, arrivò per la prima volta quella settimana stessa e in otto ore trasformò il mio appartamento in un palazzo di cristallo. Non avevo mai vissuto in una casa così pulita. Dopo aver aspirato i peli, centimetro per centimetro, rimosse tutte le macchie, anche quelle che non avevo mai visto: le chiazze nella vasca da bagno, le ditate sugli interruttori… Pulì persino i battiscopa e fece brillare l'acciaio in cucina. A Peety piaceva molto, era contento di avere una donna per casa. La seguiva da una stanza all'altra mentre lei lavorava. A un certo punto la udii gridare e dalla cucina le chiesi se fosse tutto a posto. «Sì, sì», rispose ridendo. «Ero inginocchiata a terra e Peety mi ha leccato un piede!»

Il secondo passo fu di riportare Peety all'HSSV per una visita. Avevano anche un negozio interno e se dovevo spendere soldi in medicine, e magari qualche nuovo gioco, preferivo darli a loro. Caso vuole che ci fosse Casaundra alla reception. Non riuscì a nascondere un'espressione di terrore.

«Ciao, Eric! Ciao Raider!» disse fingendo entusiasmo. «Perché siete tornati?»

Temeva che volessi restituirlo. «Ciao! No, no, si chiama Peety adesso. Siamo venuti solo a fare qualche compera».

Il suo volto si aprì in un sorriso luminoso: «Oh bene, bene! Come vanno le cose?»

Lei e gli altri uscirono da dietro il bancone per accarezzare Peety, che adorava ricevere attenzioni.

«Bene, tranne un problema alla pelle. Si gratta in continuazione, perde pelo da non credere. Non so bene che fare.»

«Chiedo subito a uno dei nostri veterinari. Sono contenta di vederti, Peety.»

Nel frattempo io e Peety andammo nel negozio, dove c'era un altro cane con il suo padrone. Girai il guinzaglio tre volte intorno alla mano e mi preparai al peggio. Ma Peety non fece nulla, non reagì in alcun modo. Quando l'altro cane gli si avvicinò, si annusarono e basta. Era stranissimo.

Gli mostrai qualche gioco, sperando che ne scegliesse uno. Li ignorò tutti finché non ne vide uno chiamato Kong. Era una specie di palla di gomma rossa, con una corda che ci passava attraverso. Peety allungò il muso sullo scaffale e la puntò.

«Vuoi quella?»

Costava quasi venti dollari, ma era l'unico gioco per cui aveva mostrato interesse, quindi lo comprai.

«Hai gusti raffinati eh? Anch'io, una volta.»

Casaundra mi arrivò alle spalle: «Dunque, Eric, consigliano di aggiungere un certo olio al suo cibo. Ce l'abbiamo qui. L'unico problema è che lui è già in sovrappeso e questo ha un sacco di calorie e di grassi, però provalo, e speriamo che migliori un poco, così puoi smettere quando perderà peso con l'attività. Lo porti a passeggio, vero?»

«Certo, ogni giorno. Solo fino in fondo all'isolato e ritorno, come mi hai consigliato, ma magari a partire dalla prossima settimana allunghiamo un po'.»

«Bene! Sono contentissima che sia tutto a posto.»

«È proprio così. Ha tenuto le distanze, i primi due giorni, ma poi la terza notte è saltato nel mio letto e da allora dorme con me.»

«Visto? Te l'avevo detto! Dagli tempo. È un bravo ragazzo, vero Peety?»

Peety la guardò e iniziò ad ansimare un poco, con la sua

bella lingua rosa a penzoloni. Lei lo accarezzò sulla testa. «Devo andare. Sta arrivando una consegna. Sentiti libero di chiamarmi, se hai altri dubbi o domande.»

La salutai, pagammo e non appena uscimmo incrociammo una coppia con un pit bull. Peety andò fuori di sé! Avevo abbassato la guardia e allungato il guinzaglio, tanto che quasi mi sfuggì via.

«Basta, ragazzo. No! Seduto!» gridai tenendo forte il guinzaglio, mentre lui tirava così tanto che le zampe anteriori si staccarono da terra. La coppia si affrettò a entrare e Peety si calmò non appena furono scomparsi dalla vista.

«Peety, seduto!» dissi. Obbedì. «Peety, non si fa. Perché sei stato bravo con il cane nel negozio e qui fuori no? No, non va bene. No!»

Quella sera stessa aggiunsi l'olio al suo cibo, ma avevo paura che ingrassasse ancora di più. Pesava già trentaquattro chili anziché ventidue.

E io? Io stavo per toccare con mano i benefici dell'alimentazione vegetale.

6

Regime vegetale

ALLA seconda visita con la dottoressa Preeti scoprii che avevo perso due chili rispetto alla settimana precedente.

«A dire il vero pensavo di più, perché mi sento diverso, più leggero», osservai.

«Sì, però i numeri non contano», puntualizzò la dottoressa. «Ha eliminato la carne e i prodotti di origine animale?»

«Quasi. Un paio di sere ho ceduto e mi sono mangiato il tonno, dalle scatolette che lei mi ha dato in deroga. Ne ho mangiate due per sera, quindi me ne restano solo più due. Ma non ci ho aggiunto maionese o altro, solo un po' di sale e pepe, e le ho messe nell'insalata. A proposito, lo sa che vendono le insalate miste già lavate e pronte da mangiare?»

«Sì, però sono care. Preferisco comprare la testa intera e prepararmela da sola. Comunque va bene, va molto bene. Che altro ha mangiato?»

«Be', niente pizze. Solo un paio di fast food quando ero in giro per lavoro. Ho preso le patatine fritte perché sono una verdura, e lei ha detto di non badare alle calorie...»

«Niente hamburger o pollo?»

«No! Niente di niente. Sono stato bravo.»

«Fantastico.»

«E ho provato la sua ricetta del riso con i fagioli, con la cottura lenta: delizioso. Praticamente l'ho mangiato ogni sera, e persino a colazione un paio di volte.»

«Wow! Eric, è stato bravissimo. Molti miei clienti non seguono i consigli che do loro e poi si chiedono come mai il programma non funziona, capisce? Sono contenta che lei abbia fatto del suo meglio per seguirlo. Che altro? Cos'altro ha mangiato per colazione?»

«Qualche fetta di pane tostato con la marmellata, ma senza burro; anche fiocchi di avena e caffè.»

«Ah, e come si è sentito quando ha mangiato il pane?»

«Cioè?»

«Come si è sentito nei giorni in cui ha mangiato il pane rispetto a quelli cui non l'ha mangiato?»

«Be', non ho fatto caso a come mi sentivo dopo mangiato. In generale, di solito mi sento stanco. Che cosa vuole sapere?»

«Ha avuto qualche problema con il cambio di alimentazione? Mal di testa, mal di stomaco, problemi di intestino…»

«Sì, dei mal di testa lancinanti. Qualche disturbo allo stomaco e pure all'intestino. Forse è colpa di tutte le fibre che sto mangiando con la frutta e la verdura.»

«Le fibre regolarizzano l'intestino e in genere non danno problemi. Ha fatto qualche ricerca, immagino?»

«Certo, un sacco, ho studiato varie tecniche di cucina, cerco di capire.»

«Bene, le spiego perché le ho fatto queste domande. Sono arrivati i risultati dell'esame del sangue e, a parte tutta una serie di scompensi, ci sono indicazioni di un'intolleranza al glutine.»

«Intolleranza al glutine?»

«Sì, è per questo che le ho chiesto come si è sentito quando ha mangiato il pane a colazione, e le patatine del fast food.»

«Il glutine è nel grano, giusto? È quella cosa che lega il pane, la pasta e...»

«Sì.»

«Ho letto qualcosa, se ne parla molto oggigiorno.»

«Sì e ci sono pareri discordanti fra i medici riguardo ai suoi effetti.»

Le chiesi di passarmi il calendario sulla parete, e ripensai alla colazione che avevo fatto dopo il mio primo, disastroso tentativo di cucinare riso e fagioli: sei fette di pane tostato. Poi mi era venuto un mal di testa tremendo: «Mi sa che ha ragione».

«Quindi, oltre alla carne e ai prodotti animali, questa settimana eviteremo anche il glutine. Mi sembra di averle già consigliato di eliminare il pane, era nell'elenco dei cibi da evitare, no?»

«Sì, ma dato che non era un prodotto animale, non capivo perché dovessi eliminarlo e quindi l'ho mangiato lo stesso.»

«Il pane è un alimento ipercalorico e lavorato, e non è un cibo integrale e vegetale. Inoltre, quello dei supermercati spesso contiene vari ingredienti aggiuntivi come uova, zucchero, strutto, margarina o olio.»

«Non ci avevo mai pensato.»

«Può trarre in inganno. E il glutine, che sia un problema o no per lei, è presente in molti alimenti, anche dove meno te lo aspetti, in particolare nei prodotti confezionati e lavorati. C'è in alcune marche di tortillas e persino nelle patatine fritte.»

«Le patatine fritte sono patate», ribattei.

«Non sempre, molti ristoranti e in particolare i fast food spesso usano un preparato, un impasto composto da patate in polvere, glutine e altri leganti e aromi, cui poi viene data la forma di patatina. In realtà, le patatine di alcuni fast food non sono nemmeno vegetariane.»

«Cosa?»

«Alcune vengono aromatizzate con il brodo di manzo.»

«Sta scherzando? E se uno è allergico? Come fa a saperlo?»

«Deve sempre chiedere, se non è sicuro. Le faccio un altro esempio: molti ristoranti cucinano il riso con il brodo di pollo. L'unico modo per saperlo è leggere l'elenco degli ingredienti, oppure chiedere al cameriere di assicurarsi che nella nostra ordinazione non ci siano ingredienti indesiderati.»

«Caspita… Okay, allora basta pane. E farò attenzione al glutine per vedere se cambia qualcosa.»

«Non si preoccupi troppo, però. Faccia una prova per vedere come va. Se si sente meglio, allora continui. Finisca pure le ultime scatolette di tonno, se vuole, e poi provi a mangiare solo alimenti vegetali. Vedrà il miglioramento.»

«Lo vedo già, cioè, mi sento molto più leggero. È difficile da spiegare, soprattutto perché non ho perso molto peso.»

«Ne riparleremo quando si abituerà; introdurremo anche altre cose. Ridurremo gli zuccheri e gli oli, tutte sostanze che mettono l'organismo sotto stress.»

«Gli oli?» Pensai a Peety. «Zucchero non ne mangio molto.»

«Così crede. C'è zucchero in molti prodotti insospettabili.»

«Come succede con il glutine e il brodo di manzo?»

«Sì.»

«Sono casi di etichettatura ingannevole, non è vero? Voglio dire, i produttori e i ristoranti non dovrebbero dichiarare gli ingredienti che usano? Non abbiamo diritto di sapere che cosa introduciamo nel nostro corpo?»

«Se solo lo facessero, sarebbe tutto molto più facile. Sì.»

«Francamente sono un po' preoccupato di eliminare troppe cose. Che cosa mi rimarrà da mangiare? Il riso con i fagioli mi è piaciuto, ma sono già stufo. Ho bisogno di più varietà.»

«Ha provato le altre ricerche che le ho dato?»

«Non ancora, alcune di quelle cose non so neanche cosa siano. La qui-no...»

«Quinoa.»

Non avevo idea di come si pronunciasse fino a quel momento. «Quella. E il tofu. L'ho provato una volta, anni fa, ed era viscido e schifoso. Non potrò mai mangiarlo. E molte di quelle cose...»

«Be', ci provi. Ci sono molti ricettari vegani in commercio. Cerchi di non pensare a quello a cui rinuncia, ma a quello che guadagna, inclusa la salute. Ci sono oltre ventimila piante commestibili sulla terra. L'elenco delle cose che può mangiare è molto più lungo di quello delle cose da evitare.»

«Ventimila? È pazzesco. Posso contare tutte le verdure che ho provato in vita mia sulle dita delle mani. Mi ero dimenticato che mi piace il mais. Adesso ne mangio a tonnellate, mi ero scordato di dirglielo. E le carote: sì, ho mangiato le carote e devo dire che sono davvero buone al forno, non troppo cotte.»

«Bravo! Anche il tofu può essere buonissimo, dipende solo da come viene cucinato. Ci sono tantissime cose da provare. Continui a sperimentare, vedrà che rimarrà sorpreso. Faccia la spesa nei negozi asiatici o in quelli messicani. C'è un intero universo gastronomico là fuori che sta appena iniziando ad aprirsi davanti a lei.»

«Non ci ho mai pensato in questi termini. Una specie di nuova avventura.»

«Sì. Adesso mi parli dell'attività fisica. Ha iniziato a fare qualcosa ogni giorno?»

«Cavoli, come ho fatto a dimenticarmene? Sì! Ho preso un cane!»

«Cosa? Davvero?» Sembrava sinceramente sorpresa.

«Sono andato alla Humane Society Silicon Valley, come mi ha consigliato lei, e mi hanno abbinato a un cane in sovrappeso e di mezza età, così possiamo rimetterci in forma insieme.»

«Ma è fantastico! Come si chiama?»

«Peety.»

«Peety. Quindi lo sta portando fuori almeno due volte al giorno?»

«Sì. Siamo arrivati solo fino alla fine dell'isolato, per ora. E procediamo molto lentamente. Quelli della HSSV mi hanno detto di andarci piano con lui.»

«Eric, devo dire che lei è un paziente eccellente. Questo è un ottimo inizio. Ci sono un paio di cose di cui voglio parlarle, però. L'esame del sangue ha evidenziato i problemi che ci aspettavamo: il diabete, il colesterolo fuori controllo, la funzione epatica ridotta. Ci sono indicazioni di disturbi digestivi, il che significa che lei non assorbe i nutrienti di cui ha bisogno, anche se li assume. E il testosterone è estremamente basso...»

«Davvero? Quanto basso? Cosa significa?»

«Ci sono un paio di dati che si osservano in questi casi, ma il livello complessivo è sotto le trecento unità, mentre alla sua età dovrebbe essere quasi il doppio. Secondo le tabelle, lei ha il testosterone di un ottantenne.»

Ero senza parole. «Questo spiega molte cose. Quale può essere la causa?»

«L'alimentazione, l'esercizio, come tutto il resto. I suoi organi, le ghiandole, sono stressati, non funzionano come dovrebbero. Faticano moltissimo solo per mantenerla in vita. Quindi, all'inizio le darò degli integratori, solo per ripristinare il corretto funzionamento dell'organismo. L'obiettivo è interromperli quando ritorneremo su livelli normali e il corpo avrà cominciato un processo di autoguarigione. Potrebbe volerci qualche mese, probabilmente non più di un anno. Non avrà bisogno di alcun integratore quando sarà tornato in salute.»

A quel punto ero davvero pronto a fare qualsiasi cosa mi ordinasse. Nelle mie ricerche avevo letto molta propaganda su vitamine e integratori. È un'industria a dir poco senza regole, però mi fidavo della dottoressa e apprezzavo che intendesse smettere di usarli il prima possibile. Non voleva vendermi un prodotto o rendermi dipendente da una pillola, ma solo far sì che il mio organismo riprendesse a funzionare da solo. Non voleva mascherare i sintomi con dei farmaci da cui sarei dipeso per il resto della mia vita.

Sono sempre stato un ribelle. L'idea di arricchire il sistema non mi è mai piaciuta. Il potere economico delle case farmaceutiche mi preoccupava molto, anche a livello personale, perché una fetta significativa del mio salario andava direttamente nelle loro casse, mentre al contempo la mia salute peggiorava sempre più. Dopo aver ascoltato la dottoressa, ero certo che tutti i dottori che avevo consultato in passato avessero ignorato che c'era una guerra in corso all'interno del mio corpo. Non sapevo bene come fosse iniziata, né perché il mio organismo fosse così stressato (nei mesi successivi vi avrei riflettuto parecchio), ma il fatto restava: il mio corpo era in guerra con i cibi che mangiavo e le medicine che prendevo. Era come se tutti i dottori precedenti mi avessero solo prescritto dei farmaci per camuffare e diminuire i sintomi, per nascondere la guerra. La dottoressa Preeti, invece, voleva aiutarmi a terminarla.

Quella sera andai a casa e misi le due pagnotte rimaste in una busta di carta. La mattina successiva le donai a un banco alimentare. Non volevo tentazioni in cucina. Esaminai la dispensa e buttai via alcuni biscotti vecchi che non mi ricordavo neanche di avere, e che sicuramente contenevano glutine. Gettai anche un sacchetto di patatine aperto, anche se erano vegane, solo perché erano piene di olio. Trovai un sito che elencava i ristoranti vegani di tutto il paese, e lo misi tra i preferiti. Poi aprii le ultime due scatolette di tonno, per farla finita. Le mangiai con l'insalata. Le insalate erano noiose. Le verdure crude non erano piacevoli né gustose, ma ero determinato a seguire il programma, per cui finii tutto. Non solo non aggiunsi maionese, ma nemmeno usai il condimento preconfezionato che adoperavo abitualmente. La dottoressa mi aveva detto di ridurre l'olio e io già avevo voglia di smetterlo del tutto. Forse esageravo, ma *dovevo* esagerare. Quindi condii l'insalata solo con sale, pepe e aceto balsamico. Lasciai che il gusto di pomodori, peperoni e broccoli regnasse da solo nel piatto. Aggiunsi però una scatoletta di tonno. La seconda mi sembrava eccessiva, per cui la regalai a Peety, e questo mi fece pensare.

Se io mi sentivo meglio, più leggero, e avevo perso un po' di peso dopo una settimana di dieta vegana, forse anche lui avrebbe tratto beneficio da quel regime alimentare. Andai su Internet e cercai «cibo vegano per cani». Parecchie persone erano convinte che la dieta vegana fosse la migliore per i loro cani.

Parlavano di risultati «miracolosi», inclusa la cura di problemi alle articolazioni e alla pelle. Secondo molti veterinari si trattava di un'alimentazione perfettamente sicura, mentre altri sottolineavano che non era naturale e non era adatta ai carnivori (tuttavia lessi le stesse argomentazioni a proposito degli esseri umani). Alla fine ritenni che le prove a favore della dieta vegana per i cani fossero più convincenti di quelle contrarie, per cui continuai a cercare e trovai diverse ricette per preparare in casa il cibo, e un lungo elenco di alimenti per esseri umani che andavano benissimo anche per i cani e un altro ancora di cibi che i cani dovrebbero evitare sempre, e che comprendeva cipolle, uva e ovviamente cioccolato. Il giorno successivo andai a comprare una confezione di cibo vegano per cani. A Peety piacque moltissimo; lo trangugiò come se fosse una bistecca.

Il giorno dopo tornò Sally e ripulì l'appartamento. Era passata solo una settimana, ma la casa era piena di peli: non ne aveva mai visti così tanti in vita sua, ed erano anni che faceva le pulizie in giro. Le chiesi scusa (quant'è imbarazzante chiedere scusa alla donna delle pulizie per il pasticcio fatto dal tuo cane?).

Tre giorni dopo mi svegliai e realizzai che avevo dormito tutta la notte di filato: Peety non mi aveva svegliato grattandosi nemmeno una volta. Quel giorno lavorai da casa e lo tenni sott'occhio: non si grattò quasi mai. Possibile che la dieta vegana avesse già risolto il problema?

Un paio di giorni più tardi, quindi cinque o sei giorni dopo che avevo eliminato i prodotti animali dalla mia alimentazione, mi svegliai sentendomi un altro. Mi stiracchiai e scesi dal letto con facilità. Uscii dalla doccia e notai che i peli appiccicati sotto i piedi erano la metà rispetto ai giorni precedenti (a parte nelle poche ore successive al passaggio di Sally). Ci feci caso perché *sentivo* i piedi: le caviglie non erano più gonfie. Alzai le gambe e vidi che anche le ginocchia erano sgonfiate. Quando portai Peety fuori per la passeggiata mattutina, constatai che il dolore era meno intenso del solito. Pesavo ancora oltre centotrenta chili e camminavo sempre con le gambe rigide anziché piegarle, e in mente sentivo il passo pesante (*tum, tum, tum*), ma non avevo più male.

Dopo una sola settimana di quella nuova dieta, Peety era visibilmente dimagrito ed era più agile. Arrivammo alla fine dell'isolato e anziché fare dietro-front andammo avanti. Mi condusse intorno all'isolato. Procedeva sempre in pattuglia, davanti a me. Abbaiava come un matto agli altri cani che osavano tagliargli la strada, ma se incrociavamo delle persone era meno aggressivo. Era un miracolo. *Possibile che sia solo il cibo?*

Vedemmo una signora anziana seduta sui gradini di casa sua, in una strada in cui non ero mai passato prima, nonostante fosse quella dopo la mia. Disse: «Oh, che bel cane».

«Grazie», risposi.

«Quanti anni ha?»

«Circa sette.» Peety si girò e iniziò a incamminarsi per il suo vialetto.

«No, figliolo, dai.»

«Non si preoccupi. Posso accarezzarlo?»

Peety sembrava calmo e di buon umore, come con i dipendenti della HSSV quando eravamo andati lì l'ultima volta. Quindi risposi: «Certo».

Peety si avvicinò e lasciò che la donna lo grattasse dietro le orecchie, mentre lui si godeva quelle coccole con gli occhi chiusi.

«Mio padre aveva un cane così, nella nostra fattoria. Radunava le pecore, e a volte anche le persone. Spingeva tutti in un angolo vicino alla stalla. Era divertentissimo.»

«Davvero? Incredibile…»

«Abita qui vicino?»

«Sì, qui dietro.»

«Non vi ho mai visti prima.»

«No, abbiamo appena iniziato a camminare insieme; cerchiamo di rimetterci in forma.»

Era stranissimo parlare con una sconosciuta senza un motivo preciso. Gli sconosciuti non attaccano bottone con un uomo solo e obeso. Non è così che funziona il mondo.

«Buon per voi. Allora ci rivedremo», disse rivolta a Peety. «Come si chiama?»

«Peety.»

«Peety. Piacere di conoscerti, Peety.»

«Grazie», dissi, anche se non sapevo bene di cosa. La parola mi era uscita spontaneamente. «Andiamo, figliolo.»

Quando arrivammo a casa, ero spossato. A parte quella breve conversazione non ci eravamo mai fermati. Il mio cuore batteva forte ed ero sudato, ma nonostante ciò non avevo male da nessuna parte. Peety andò subito alla sua ciotola dell'acqua, mentre io ne bevvi due bicchieroni. Poi riscaldai il riso con i fagioli per colazione. Mangiai anche qualche frutto, inclusi dei kiwi, che avevo provato quella settimana per la prima volta. Erano deliziosi!

Mentre sedevo davanti alla mia colazione arcobaleno (che la dottoressa Preeti approvava), mi resi conto che sia io sia Peety eravamo molto cambiati rispetto a una settimana prima. Stavamo meglio.

«Tu ti senti bene come me?» Lui mi guardò e piegò la testa di lato. Aveva gli occhi luminosi. Stava molto meglio, ed era passata solamente una settimana. Ero scioccato. Mai e poi mai avrei pensato che un cambio di alimentazione potesse avere un effetto così radicale. Mi chiedevo che conseguenze avrebbe avuto su di me. Se avevo perso lo stesso peso della prima settimana, significava che ero sceso appena di quattro chili, dopo tutta quella fatica. Non ero sicuro del numero esatto perché non avevo una bilancia in casa. La maggior parte delle bilance domestiche non superano i centocinquanta chili, e chi mai vuole ritrovarsi a fissare un numero del genere ogni giorno? A che pro? Per ricordarti quant'è misera la tua vita?

Mi sembrava un progresso lentissimo dopo un cambiamento così drastico, però il miglioramento di Peety mi dava coraggio. Dicono che un anno di un cane equivale a sette anni di un essere umano; forse gli effetti della nuova dieta si manifestavano sette volte più in fretta in un cane rispetto a un uomo.

Come mi sentirò fra sette settimane? Non c'era motivo di mollare. Stava funzionando. Quella mattina giurai che saremmo andati tutti e due fino in fondo. Basta carne per Peety e basta carne per me. Basta stratagemmi. Le vecchie abitudini erano acqua passata, proprio come i problemi cutanei di Peety.

Non vedevo l'ora di tornare dalla dottoressa e imparare cose nuove. Se eliminando l'olio mi sarei sentito meglio, allora basta olio; se eliminare lo zucchero faceva bene, allora avrei smesso anche quello.

7

Peety prende il comando

QUALCHE giorno dopo, mentre lo preparavo per il nostro giro mattutino, Peety si sfilò dal collare. Aveva perso così tanto peso che gli uscì dalla testa. Dovetti stringerlo di due buchi solo perché gli restasse su. Dopo la doccia, scoprii che anch'io perdevo i pantaloni. Strinsi la cinghia al massimo, ma mi resi conto che, con un pancione come il mio, se questa si fosse sfilata, i pantaloni sarebbero cascati a terra in un secondo. Era un incidente inaccettabile nel bel mezzo di un negozio di elettrodomestici!

Dovevo comperare dei vestiti nuovi, cosa che odiavo ancor più di fare la spesa. C'era stato un tempo in cui amavo fare compere, in particolare negli anni Ottanta, quando abitavo a San Francisco. Lì avevo scoperto Nordstrom, un negozio che offriva un'esperienza di shopping di altissima qualità, diversa da qualsiasi altra che avessi provato prima. Negli altri negozi trovavi commessi sottopagati che non ti trattavano bene: l'impressione era che non gliene importasse nulla di te. Da Nordstrom, invece, c'era sempre qualche addetto di bell'aspetto e disponibile ad aiutarti per individuare l'abito migliore per le tue necessità e il tuo fisico. Seguivano una formazione specifica, sapevano il fatto loro, conoscevano il catalogo, ti facevano mille domande per capire cosa cercavi e come aiutarti. Nordstrom mi aveva persino dato la mia prima carta di credito. Ogni volta che uscivo da quel negozio, sembravo e mi sentivo un re, o una stella del cinema. Lo adoravo.

Poi un giorno, poco prima del mio quarantesimo compleanno, quando avevo superato i cento chili, ci andai per comprarmi un nuovo paio di pantaloni. Avevo messo su peso in fretta quell'anno, e i miei pantaloni erano diventati così stretti che mi sentivo come quaranta chili di patate pigiati in un sacco da quattro chili. Raggiunsi il reparto uomo e mi avvicinai a un commesso; sembrava un modello. Gli chiesi aiuto e lui mi guardò in modo strano, poi mi misurò il girovita con un metro da sarto e disse: «Mi spiace ma dovrà rivolgersi a un negozio specializzato in taglie forti. Non teniamo nulla per un girovita superiore al metro.»

Non potevo crederci. Mi liquidò così su due piedi, poi girò i tacchi e andò a parlare con un'altra persona. Mi sentivo così umiliato. Al mio posto, forse, un altro si sarebbe reso conto che aveva toccato il fondo. Vorrei tanto averlo capito, allora, invece fu solo l'inizio della mia trasformazione in un essere con un corpo a forma di mela sorretta da due stuzzicadenti. Mi ci sarebbero voluti altri dieci anni, altri cinquanta chili e altri venticinque centimetri di girovita prima che ritardassi il decollo di un volo pieno di passeggeri.

Il mio negozio preferito mi aveva abbandonato, per cui andai alla Men's Wearhouse, che offriva un'esperienza d'acquisto assai diversa rispetto a Nordstrom. Scoprii in fretta che non esistono abiti di qualità per le persone obese. Da allora le cose sono cambiate, ma in generale l'offerta per gli uomini sopra i centotrenta chili è l'equivalente delle vesti hawaiane: camicie scadenti con stampe pacchiane. La maggior parte degli stilisti vuole disegnare abiti che appaiano belli su chi li indossa, e non vogliono che chi non è bello nelle loro creazioni ostenti il loro marchio in pubblico. E così avevo evitato di fare compere per anni.

E ora? Non avevo scelta. Non potevo permettermi di perdere i pantaloni, per cui andai da Ross e Marshall's, sperando di spendere il meno possibile e di fare il più in fretta possibile. Avrei potuto acquistare qualcosa su Internet, ma non sapevo più che taglia avevo: variava tantissimo, da 2XL a 4XL a seconda della marca, e avendo perso circa cinque centimetri ero costretto a provare tutto.

I piegamenti necessari per vestirmi e svestirmi all'interno del minuscolo camerino mi lasciarono accaldato e avvilito. Non stavo festeggiando la perdita di qualche chilo con una giornata di spese folli; il mio non era un trionfo, un giro d'onore. Era un'esperienza terribile. Odiavo essere circondato da specchi, avrei voluto oscurarli; mi disgustava confrontarmi con ciò che ero diventato sotto la luce netta e brutale dei neon. Ero più che mai arrabbiato con me stesso per essere ingrassato così tanto. Comprai tre paia di pantaloni e qualche camicia, spendendo quasi duecento dollari. Mi sentivo truffato: erano abiti scadenti, tessuti non traspiranti; sapevo che avrei sudato ogni volta che li avrei indossati, ma non avevo scelta.

Dopo aver battuto lo scontrino, la magrissima commessa mi congedò: «Le auguro una buona giornata».

Ma mangiati una pizza, avrei voluto dirle.

Tornai a casa e quella sera, sul divano, pensai di rinunciare alla dieta. Forse non ne valeva la pena, forse avevo ormai superato il limite. In quel preciso istante Peety mi saltò addosso, sbucando dal nulla e per nessun motivo apparente. Salì sul divano e mi si piazzò sopra, leccandomi la faccia. Scoppiai a ridere e lo accarezzai: «Ma che fai, ragazzo?»

Lui si schiacciò contro la mia pancia e si distese sulle mie grasse cosce, come un cucciolo che si accoccola in una coperta. Poi mi guardò come se fossi la persona migliore del mondo.

«Peety, sei sicuro che non ti spiace essere capitato con me?»

Continuò a fissarmi con i suoi bellissimi occhioni scuri. Avevo sentito di cani che sorridono, ma non ci credevo; pensavo che fossero fantasie dei padroni. In quel momento, invece, Peety sorrise. Mostrò i denti e tirò su gli angoli della bocca. Il mio ragazzo sorrideva! Era incredibile. Di colpo non pensavo più ai miei problemi, ma alla sua felicità. Smisi di accarezzarlo solo per guardare bene quel suo bellissimo muso, ma lui spinse contro la mano, sollecitandomi a riprendere.

«Okay! Così va meglio?» Ripresi a coccolarlo e lui strizzò gli occhi e continuò a sorridere, godendosi il massaggio sul collo. «Mi spiace, figliolo», dissi. «Non voglio abbattermi. Mi impegnerò di più, va bene. Prometto che non ti deluderò.»

Sei settimane dopo, Peety sembrava un altro. Dopo un mese e mezzo di dieta vegetale, senza alcun altro cambiamento, stava raggiungendo il peso forma per un cane della sua taglia. Non era più letargico, anzi era diventato molto energico. Non aveva più problemi alla pelle, di nessun tipo. Perdeva ancora un po' di pelo, ma non in modo eccessivo: i gomitoli che prima si accumulavano nel giro di poche ore erano spariti. Ma soprattutto aveva una lucentezza negli occhi che non avevo mai visto prima. Quando gli chiedevo se voleva fare un giro, non si avvicinava più stancamente alla porta, ma scattava in piedi, correva verso l'ingresso e girava in tondo finché non riuscivo ad attaccargli il guinzaglio; poi mi trascinava per il corridoio fino all'ascensore, e quindi mi tirava fuori una volta raggiunto il piano terra. Ogni volta era così.

Inoltre, ero finalmente riuscito a insegnargli a fare pipì sull'erba. Avevo appreso qualche tecnica di addestramento con il rinforzo positivo, che consiste nel lodare e premiare i comportamenti desiderati. Tuttavia la ragione principale del cambiamento era perché anch'io mi muovevo meglio. Ormai uscivo dall'ascensore di corsa non appena si aprivano le porte, superavo l'entrata di cemento e raggiungevo l'erba senza dargli la possibilità di alzare la gamba. Una volta abituato non dovevo più ingannarlo, perché ormai aveva associato l'erba alla pipì, e aveva smesso di farla sul cemento.

Avevo provato i corsi di addestramento che mi avevano consigliato alla HSSV quando lo avevo adottato, ma non avevano funzionato. La presenza di altri cani lo innervosiva e non smetteva di abbaiare e tirare il guinzaglio. Il rumore del clicker usato dagli addestratori non piaceva né a lui né a me. Sono sicuro che il metodo funziona per altri cani, ma per il mio sembrava solo una fonte di stress, e di conseguenza lo era anche per me. Avevamo rinunciato dopo due lezioni soltanto. Secondo me Peety aveva avuto già abbastanza stress nella vita e non c'era bisogno di aggiungerne altro, anzi il mio compito era diminuirlo, per cui avevo deciso di lasciarlo libero di essere se stesso. Inoltre continuava a migliorare da solo e diventava sempre più socievole mano a mano che dimagriva. Tirava sempre il guinzaglio, ma era meno nervoso. Continuava a controllare il suo territorio intorno all'isolato, ma era molto più avvicinabile di prima. Era contento di vedere la vecchietta sui gradini, quando la incontravamo, e c'erano sempre più persone che si fermavano ad accarezzarlo regolarmente. Non dimenticherò mai la prima volta che una bella trentenne ci fermò per strada. «Oh, ma che bel cane», disse.

«Grazie», risposi. E lei sorrise.

La cosa più straordinaria era che spesso quelle persone iniziavano a parlare con me. «Quanti anni ha?» mi chiedevano, oppure: «Di che razza è?» Poi condividevano qualche storia sul loro cane, o su quello che avevano avuto da piccoli, e a volte finivamo per parlare del tempo o commentare qualche notizia. Da quando Peety era dimagrito ed era meno aggressivo, quasi per magia ero diventato meno invisibile.

Fin dalla nostra prima uscita insieme lo avevo lasciato andare avanti, dandogli il comando. Quando iniziò a sentirsi meglio, mi fece fare non solo un giro dell'isolato, ma due. Poi un giorno svoltò a sinistra anziché a destra, e girò intorno all'isolato successivo al nostro, per poi ripassare dal nostro ingresso e completare un enorme «otto». Quella sera seguì lo stesso percorso, e così anche la mattina successiva. Il giorno dopo raggiunse la fine del secondo isolato e indicò di voler proseguire, per cui andammo avanti. Percorremmo quasi quattro isolati e lui marcò il territorio su vari alberi e pali lungo il cammino. Esplorava il quartiere e rivendicava nuovi territori di giorno in giorno.

Durante quelle settimane continuava a tirare forte sul guinzaglio, era impaziente di andare, e a volte non riuscivo a stargli dietro, anche se avevo perso un paio di chili a settimana da quando avevamo cominciato a camminare e seguire la dieta vegetale. Stavo per raggiungere la mitica soglia dei centoquaranta chili, cosa che non accadeva da anni. I miei gusti e le mie abilità culinarie si erano ampliati. Avevo persino iniziato ad apprezzare il tofu, che in passato avevo erroneamente giudicato viscido e privo di gusto, qualcosa che nemmeno l'esercito oserebbe servire nel rancio dei soldati. Dopo qualche tentativo, invece, avevo scoperto che si tratta di un alimento nutriente e incredibilmente versatile. Lo avevo fatto saltare in padella con le verdure e mi era piaciuto. Avevo comprato più spezie di quante pensavo esistessero e stavo imparando in fretta a usarle. Evitando il pane e gli alimenti confezionati erano spariti i mal di testa, i dolori addominali e il malessere diffuso che avevo prima. Mi sentivo bene. Non solo meglio, ma davvero bene.

Tuttavia, dopo altre ricerche sui cani da pastore avevo

capito che non facevo correre Peety abbastanza. Adesso che era di nuovo in forma, aveva voglia di scatenarsi: era la sua natura. I cani come lui sono allevati per coprire chilometri e chilometri nei campi aperti, per correre avanti e indietro radunando pecore, capre o mucche, per ore e ore, ogni giorno della loro vita. Anche se in lui non vedevo tutto questo istinto, sicuramente ne aveva molto di più di quanto gli permettessi di esprimerlo portandolo in giro al guinzaglio per le strade di una città.

Condividevamo una casa, dormivamo nello stesso letto, trascorrevamo interi giorni l'uno a fianco dell'altro, ogni volta che lavoravo da casa, il che accadeva spesso. Direi che si stava instaurando un legame fra di noi, anche se quasi ignoravo cosa questo significasse. La trasformazione che aveva compiuto nelle prime sei settimane insieme mi spronava a fare di più per lui: quando lo guardavo negli occhi volevo dargli la miglior vita possibile, farlo divertire, rimediare all'esistenza schifosa segnata da abbandoni e cibo scadente, dolore e sofferenza che aveva dovuto sopportare per troppo tempo. Pertanto iniziai a portarlo con me il più possibile. Imparò a saltare sul sedile posteriore e a restare sdraiato mentre guidavo. Sembrava molto felice accucciato sul sedile. Era ancora inverno, non faceva caldissimo a San Jose, per cui potevo lasciarlo in macchina, all'ombra, con i finestrini leggermente aperti e per brevi periodi, mentre entravo in un negozio o salutavo un cliente, ma solo se ero sicuro che fossero appuntamenti brevi.

Un giorno decisi di portarlo in un grande negozio per animali e fu un'esperienza davvero strana. Proprio come aveva fatto nel negozio della HSSV, non abbaiò né si scompose alla vista di altri cani. Nel parcheggio aveva abbaiato come un matto a tutti i cani che passavano, ma dentro il negozio li oltrepassava con una rapida annusata, come una sorta di amichevole saluto. Mi ricordò i vecchi cartoni di Ralph il lupo e Sam il cane pastore, in cui i due lottavano tutto il giorno e poi smettevano al suono della campanella, come se avessero finito il turno, e prendevano a chiacchierare amichevolmente; come se fossero nemici giurati solo quando erano in servizio. Nel parcheggio Peety era in servizio, mentre all'interno del negozio era in pausa.

Una volta a casa andai su Internet per vedere se c'erano dei parchi nella nostra zona. Sorpresa! Quando aprii Google Maps scoprii che ce n'era uno enorme proprio in fondo alla nostra via. Distava solo un chilometro e mezzo da casa. Dalla strada se ne vedeva solo un angoletto, ci ero passato di fronte decine, centinaia di volte ma non mi ero mai fermato, non sapevo nemmeno che avesse un nome. Avevo notato i vialetti alberati pieni di persone che correvano o passeggiavano, alcuni anche con un cane, ma per me era sempre stato una sfuggente curiosità lungo il percorso per andare altrove. Non sapevo quali tesori si celassero al di là degli spazi verdi che intravedevo dal finestrino. Per il bene di Peety, era ora di scoprirlo.

8

L'acqua

«CHE ne dici, ragazzo? Oggi proviamo un posto nuovo?»

Peety si girò e mi guardò con gli occhi sbarrati. Tutto il suo essere gridava: Sì, sì, sì! Non era solo la coda a scodinzolare: lo faceva tutta la parte posteriore del corpo.

«Okay, okay. Seduto. Ti metto il guinzaglio.»

Il punto più a nord che avevamo raggiunto fino ad allora era McKee Road. In genere lì giravamo a destra o a sinistra e tornavamo indietro. Eravamo andati dall'altra parte, oltrepassando i negozi e svoltando a sinistra su Alum Rock Avenue, per salire sul cavalcavia e vedere le auto che sfrecciavano sotto di noi sulla I-680, ma sentivo che Peety aveva bisogno di un obiettivo, un luogo gratificante, in cui sentirsi libero di essere un cane.

«Credo che ti piacerà», gli dissi oltrepassando McKee Road e continuando in direzione nord-ovest, oltre la Independence High School. Nelle mie ricerche avevo scoperto che alcuni parchi comunali erano vietati ai cani, e la cosa mi aveva sorpreso, mentre altri no, a patto di obbedire a una serie di regole severe, come raccogliere le deiezioni e tenerli al guinzaglio. Erano norme sensate: chi farebbe giocare i propri bimbi in un campo minato di escrementi, o fra cani che scorrazzano liberi? Comunque fosse, non intendevo lasciare libero Peety: ero terrorizzato dall'idea che scappasse o finisse sotto una macchina.

Per quel che ne sapevo, non era mai stato senza guinzaglio tranne che nel nostro condominio, nella gabbia o nel cortile dei vecchi padroni, per cui non sapevo che cosa sarebbe successo se avesse ottenuto di colpo la libertà. Ciò che avevo notato di quel particolare parco, però (a parte che si trovava a circa un chilometro e mezzo dal nostro condominio e che si chiamava Penitencia Creek County Park) era che ospitava uno stagno meraviglioso pieno di anatre e altri animali. Le immagini erano bellissime: uccelli nell'acqua con le montagne dorate sullo sfondo, come sul *National Geographic*.

Com'è possibile che ci sia un posto così vicino a casa mia e io non me ne sono mai accorto? Poi mi era venuto subito un altro pensiero: Chissà se a Peety piace nuotare? Era quello il mio piano per quel caldo pomeriggio.

«Peety, qui!» dissi sperando che mi camminasse a fianco. Non lo faceva mai, ma ci provavo ogni giorno. «Qui! Qui!»

Quando oltrepassammo la scuola e vide l'entrata del parco, iniziò a tirare sul guinzaglio fin quasi a soffocarsi, come se l'avesse visto anche lui su Google e sapesse cosa c'era dietro i cancelli. «Aspetta un attimo, ragazzo.» Non l'avevo mai visto così, mi faceva ridere. «Peety, dai! Aspetta!»

Accelerai il passo più che potei, cercando di dargli un po' di corda mentre abbandonavamo il marciapiede e prendevamo un sentiero che speravo conducesse direttamente al laghetto. Peety adocchiò qualche scoiattolo che correva sul prato e alzò le orecchie per sentire il cinguettio degli uccelli sugli alberi, ma era in missione: continuava a tirare in avanti ansimando. Poi all'improvviso si fermò e girò la testa da un lato; aveva sentito qualcosa di diverso.

«Che c'è, ragazzo?» sussurrai, accovacciandomi per sentire anch'io. Trattenni il respiro per un attimo e a quel punto lo udii. Poco più di un mormorio lontano, che sarebbe scomparso sotto lo scricchiolio delle scarpe sulla ghiaia del sentiero. Ma fermandomi lo sentivo benissimo, come Peety: il distante schiamazzo delle anatre. Tante anatre.

«Vuoi andare a vederle?» Peety scattò in avanti. Non ce la facevo a correre, ma tentai di stargli dietro come potevo, cercando di non cadere. «Cavoli, vuoi davvero vederle!» Sbuffavo, mentre ridevo e provavo a prendere fiato. E poi comparve, fra le fronde lussureggianti, scintillante al sole del tardo pomeriggio, a una ventina di metri da noi: uno stagno bellissimo e pieno di uccelli acquatici. Saranno stati un centinaio.

Haf, haf haf! arrancava Peety, tirando fino a strozzarsi.

«Basta, ragazzo. Seduto adesso, seduto.» Obbedì e lo grattai dietro le orecchie. «Hai mai nuotato prima d'ora?» gli chiesi. Non avevo mai capito perché le persone parlassero con i cani, fino a quegli ultimi due mesi. I cani ascoltano e spesso rispondono: con uno sguardo, un abbaio, un mugolio, un cenno del capo.

In quel momento non capivo se Peety non avesse mai visto una grande massa d'acqua in vita sua, né se vi si fosse mai tuffato dentro. Era chiaro però che voleva provarci subito. Mentre stavo lì accovacciato, trattenendolo per il collare, pensai che i cani sono fatti per correre. Peety era stato sempre rinchiuso, ingabbiato o legato al guinzaglio, e vidi la cosa sotto un'altra luce: non dal mio punto di vista di genitore preoccupato per i pericoli del mondo, ma dal suo. Che razza di vita era mai quella? Il fatto che fino a poche settimane prima fosse in sovrappeso e pieno di dolori significava che aveva vissuto in un tipo diverso di gabbia. *Ma come si fa a lasciare che un cane ingrassi così tanto da non volere nemmeno più correre?*

Il cambio di alimentazione e le passeggiate lo avevano liberato, ma forse era ora di fargli provare la libertà vera. Mi guardai intorno: non c'era quasi nessuno vicino allo stagno, non credevo che sarebbe scappato né che avrebbe infastidito qualcuno; era troppo concentrato sull'acqua.

«Vuoi tuffarti, vero?» Tenendo stretto il collare con la sinistra, sganciai il guinzaglio con la destra. Udendo il clic, rizzò le orecchie, smise di ansimare e mi guardò, per assicurarsi di aver sentito bene. «Fai attenzione, okay?».

Mi leccò la guancia riempiendomi di baci. Stavo facendo la cosa giusta. «Okay, adesso vai!»

Lasciai andare il collare e lui scattò come un velocista alle Olimpiadi: testa bassa, corpo in avanti, gambe così veloci che quasi lo superavano. Uno scatto incredibile. Volò lungo il sentiero senza rallentare minimamente una volta raggiunto il bordo dell'acqua, anzi saltò. Restai a bocca aperta vedendolo sospeso a mezz'aria, a un paio di metri da terra, e poi atterrare nell'acqua con una sonora panciata. Il tonfo attirò l'attenzione di tutte le persone nel parco e spedì in aria ogni singolo volatile. In un attimo il cielo si riempì di uccelli, che schiamazzavano in un gigantesco stormo di fronte al pallido sole del tardo pomeriggio.

In retrospettiva, penso che liberare un cane del genere in un luogo pubblico sia stata un'ingenuità da parte mia, potenzialmente pericolosa. Avrebbe potuto scappare e perdersi. Sono contento che non l'abbia fatto. Credo che il suo istinto di pastore lo abbia tenuto vicino a me.

Mi affrettai a raggiungere lo stagno per accertarmi che stesse bene. Di sicuro speravo che non stesse affogando perché non sarei riuscito a salvarlo a nuoto. Arrivato a riva, però, lo vidi nuotare in cerchio come un campione. Era libero. Nuotava con tanto vigore che sollevava tutta la parte anteriore del corpo dall'acqua, orgoglioso ed eccitato.

«Bravo! Evviva!»

Quando mi udì raggiunse la riva, uscì dall'acqua, si precipitò verso di me e si scrollò in modo epico, coprendomi di acqua e fango dalla testa ai piedi. Non mi arrabbiai nemmeno un poco, anzi scoppiai a ridere, e in quel momento mi resi conto di amarlo. *Ti amo!*

Amavo essere il suo padrone, amavo prendermi cura di lui. Amavo tutto, in quel momento. Non avevo nemmeno percepito il caldo finché non mi aveva raffreddato, e non mi importava di sporcarmi o bagnarmi. Tutte le cose di cui mi preoccupavo sempre (apparire pulito e in ordine) svanirono. Stavo ancora ridendo, quando lui si rituffò per un'altra nuotatina. Quasi tutti gli uccelli si attestarono all'altro capo del laghetto. Avevano capito che Peety non era interessato a loro: voleva solo nuotare e magari curiosare per vedere cosa facevano. Sperai che nessuna delle persone presenti se la prendesse perché era in acqua e senza guinzaglio, ma in realtà non me ne importava nulla. Se anche avessi preso una multa, sarei stato contento di pagarla. La vista del mio ragazzo che si godeva quel momento di pura beatitudine non aveva prezzo.

Nuotò e si scrollò altre otto volte prima che riuscissi a convincerlo a riposarsi un attimo. Ansimava come un matto, ma il suo sguardo e la lingua che penzolava dalla bocca sorridente mi dicevano che stava benissimo. Ancora una volta mi guardò come se fossi la persona migliore del mondo, ed era esattamente quel che volevo essere per lui. Volevo far avverare ogni suo desiderio, e quel giorno sentii che insieme avremmo potuto fare qualsiasi cosa.

«Camminiamo ancora?» Si alzò e girò in tondo come se fossimo davanti alla porta di casa, impaziente di partire come se la camminata e la nuotata non l'avessero stancato per nulla. Il sentiero su cui ci trovavamo sembrava seguire il perimetro del parco. Doveva essere lungo quasi un chilometro, ma stranamente l'idea non mi scoraggiava. Anch'io ero impaziente di partire.

Gli riattaccai il guinzaglio e dissi: «Okay, ragazzo, facciamolo.»

Peety lasciava una scia di acqua sul sentiero e l'elasticità del suo passo mi faceva sorridere. Quando avevamo iniziato a uscire insieme non avrei detto che era lento o pesante, ma in retrospettiva sì. In effetti, tutti e due ci muovevamo meglio insieme. Non correvamo né camminavamo veloci, ma i pedoni che ci superavano sul marciapiede non schizzavano più come se arrancassimo sulla corsia di emergenza.

In pochi minuti raggiungemmo l'altro lato del laghetto e non sudai nemmeno, forse perché ero già bagnato. Era incredibile. Avevo perso tredici chili e mi sentivo un altro. Nonostante le numerose nuotate Peety mi stava davanti, senza dar segno di rallentare. Quando tornammo al punto in cui si era tuffato, però, mi facevano male le ginocchia e mi chiesi se anche lui fosse dolorante. Dovetti ricordarmi che pesavo comunque tantissimo e che Peety non era un cucciolo. Anche lui portava in giro parecchio peso. Per un attimo temetti di aver esagerato. La settimana precedente avevo acquistato un orologio con GPS, solo per misurare il chilometraggio dei nostri giri quotidiani, e le mie stime erano corrette. Secondo lo strumento quel giro intorno al parco misurava un chilometro scarso. Sicuramente una volta tornati a casa saremmo stati tutti e due doloranti. Alla fine avremmo percorso quasi cinque chilometri in un unico pomeriggio.

«Cinque chilometri! Peety, è tantissimo!» Fino a due mesi prima, la sola idea di percorrere cinque chilometri a piedi mi sarebbe sembrata una follia. Non avrei mai potuto farlo, nemmeno per mettermi in salvo da un pericolo mortale. Ne sono certo: sarei collassato. Come avevo fatto a passare da quello stato a uno in cui percorrevo volontariamente due chilometri per raggiungere un parco e poi un altro chilometro ancora per girare intorno a uno stagno? E per cosa? Per piacere? Era questo il punto: non avevo mai camminato per piacere, perché ora volevo farlo?

La risposta era lì che ansimava ai miei piedi. Pensai ai miei dolori (mi fermai fisicamente per pensarci), e conclusi che non erano nulla rispetto a quel che mi costava anche solo andare dalla camera da letto al bagno, ogni singolo giorno, prima di incontrare Peety. Ci fermammo un attimo per riprendere fiato e Peety sedette con la testa appoggiata al mio ginocchio destro, quello che mi faceva male. Osservammo le anatre insieme e lui mi sorrise, con la lingua rosa a penzoloni, implorandomi perché gli concedessi un'altra nuotata.

«Non oggi, ragazzo, ti sei appena asciugato.»

«Bau!»

«Lo so, lo so, ma avrai fame adesso, come me. Ci torniamo questo fine settimana, te lo prometto, va bene?»

Riabbaiò, ma poi si alzò e diede un ultimo sguardo alle anatre, quindi si girò e iniziò a dirigersi verso casa. Conosceva la strada per istinto, per cui lo lasciai condurre, questa volta per un lungo, faticoso e magnifico rientro a casa. Avevamo preso l'abitudine di fare il nostro giro prima di cena o pranzo, il che offriva alcuni benefici inaspettati: il dispendio di energie a stomaco vuoto mi faceva sentire sazio più in fretta. Era l'esatto opposto di quel che mi sarei atteso, ma era un effetto costante ed evidente: l'esercizio fisico diminuiva l'appetito. Quasi ogni sera facevamo un ultimo giretto anche prima di coricarci, perché Peety potesse fare i suoi bisogni, e spesso raggiungevamo la fine dell'isolato, così, senza pensarci. L'isolato si era magicamente accorciato.

Quella sera, dopo la lunga camminata fino al parco, cucinai una doppia porzione di tofu saltato, senza cipolle, da condividere con Peety. Lo misi in due bei piatti e mi sedetti con lui a terra, in salotto, per mangiarlo insieme.

«Dovremmo farlo più spesso», dissi.

Il fatto che riuscissi a stare seduto a terra con la schiena appoggiata al divano era una cosa sorprendente. Dato che dopo la camminata mi facevano male le ginocchia, temevo che avrei avuto qualche problema ad alzarmi, ma un paio di mesi prima non avrei nemmeno provato a sedermi a terra. Per anni non mi ero mai piegato, o inginocchiato, o messo in una posizione diversa da quella eretta, seduta o sdraiata, salvo in casi di estrema necessità. *Quanto mi ero ingabbiato?*

Provai una certa ebbrezza nel sedermi a terra, quasi come se avessi bevuto due o tre caffè di fila. Le ginocchia dolevano ed ero stanco per la camminata, ma al tempo stesso mi sentivo carico. Da quel nuovo punto di osservazione, guardai la mia abitazione. A volte la chiamavo «casa», ma non lo era davvero. Non ero in affitto, l'avevo comprata, ma da quando ci vivevo non l'avevo mai curata. L'arredo era quello che ti aspetteresti di trovare nell'alloggio di uno scapolo post-università: un tavolino da salotto con il piano in vetro, una tavola da pranzo con due sedie, un divano semplice e un enorme televisore con lo schermo piatto. Pareti bianche, tavolo pieno di scatole e scartoffie di lavoro. Nella camera extra c'erano un letto e un comodino e nient'altro, mentre nella mia c'era un letto king size, ma solo la struttura, senza testata.

Guardandomi intorno mi resi conto che vivevo in una scatola bianca. «Sai che c'è?» dissi rivolto a Peety. «Dobbiamo dare una sistemata a questo posto.»

9

Ristrutturazione

PER il momento accantonai l'idea di risistemare casa mia e mi rituffai nel lavoro; l'energica euforia post-attività non durò a lungo. Gli obesi sono abituati a non fare nulla, in particolare per se stessi. È più facile dire di no che trovare la motivazione per muoversi, perché quest'ultima di solito prevede sofferenza. In effetti, una volta entrati in quell'impostazione mentale, è più difficile vincere la pigrizia che svolgere fisicamente l'attività necessaria per perdere peso. Tuttavia mi concentrai su Peety e sulla ricerca di nuove mete per le nostre passeggiate, sempre con l'obiettivo di dargli una vita più completa. Il sabato successivo tornammo allo stagno, come gli avevo promesso, e ancora una volta lui corse e nuotò, vivendo attimi di pura gioia. Il weekend successivo, però, decidemmo di percorrere una distanza uguale ma nella direzione opposta. Superammo il cavalcavia sull'autostrada, che fino ad allora aveva segnato il nostro confine estremo lungo Alum Rock Avenue, e continuammo. Se fossimo stati in auto, nel giro di pochi chilometri avremmo iniziato a salire e saremmo finiti sul monte Hamilton, dove si trova l'osservatorio dell'Università della California, il posto in cui è stata provata la teoria della relatività di Einstein. Avevo già percorso diverse volte quella strada, ma dall'auto non avevo mai notato una piccola zona con una serie di negozietti a conduzione famigliare su entrambi i lati. La prima insegna che mi colpì fu quella di *Mario's Barber Shop*. Avevo bisogno di un taglio di capelli. Di solito avrei cercato di sbrigarmela il più in fretta possibile andando nel primo negozio che capitava, ma quella volta pensai: Perché no?

Aprii la porta di fianco alla vecchia insegna penzolante e una campanellina tintinnò. Mi sembrò di andare indietro nel tempo. Quasi mi aspettavo di incontrare un barbiere uscito da un'illustrazione di Norman Rockwell, con i baffi a manubrio e il grembiule bianco. Invece vidi per la prima volta Mario: un messicano con un pancione più grosso del mio al punto massimo, e una personalità ancor più prorompente. C'erano anche cinque o sei persone accomodate su altrettante sedie di vinile rosso, e tutte si girarono a vedere chi fosse appena entrato nel loro mondo. La sensazione era di essere penetrato in un club esclusivo, dove non ero certo di essere il benvenuto. In quanto bianco, di sicuro ero io quello fuori posto là dentro.

«Ehi! Il tuo cucciolone ha bisogno di un'acconciatura?» chiese Mario ad alta voce, e tutti risero.

«No, ma io sì. C'è posto?»

Stava giusto finendo con un cliente e quello seduto nella sedia a fianco si alzò.

«Certo. Si accomodi», disse Mario.

«Avanti, ragazzo», dissi a Peety e mi avviai verso la sedia appena liberata, seguito dagli sguardi fissi di tutti i presenti. Uno di essi pronunciò qualche rapida parola in spagnolo che non colsi, ma capii di aver infranto qualche tacita norma. Infatti avrei dovuto occupare la sedia più vicina alla porta. Ogni volta che Mario finiva con un cliente, tutti scalavano di un posto rispettando la fila.

«Oh, scusate, scusate», dissi sospingendo Peety verso la sedia vicina all'ingresso. Lui si sdraiò sul pavimento a scacchi per godersi il fresco, e sembrava perfettamente contento di aspettare. Lo presi come un segno: ero nel posto dove avrei dovuto essere.

«Sei nuovo di queste parti», disse Mario.

«Sì, stavo portando Peety a fare un giro, e non ero mai stato qui prima d'ora.»

«Be', hai trovato il posto giusto. Il miglior taglio della città. Garantito. Chiedi a qualunque signora. Tutte le signore amano chi si fa tagliare i capelli da Mario!»

«Davvero?»

«Certo, perché tutte le signore amano Mario!»

«Wow, non vedo l'ora», dissi, mentre gli altri clienti ridevano sotto i baffi.

Era stranissimo incontrare degli sconosciuti che scherzavano con me. Era come se la presenza del cane aprisse una porta magica che permetteva agli altri di vedermi come un essere umano e non come un ciccione qualunque. Certo, Mario era più grosso di me, per cui è probabile che ai suoi occhi apparissi perfettamente normale, ma avevo iniziato a notare che spesso le persone tendevano a parlare del cane, se non direttamente *al* cane. Dopo anni passati a subire l'indifferenza degli altri, ero felicissimo che Peety mi aiutasse a rompere il ghiaccio.

Mentre osservavo i clienti infervorati in conversazioni per me quasi incomprensibili, anzi prima ancora di sedermi su quella sedia, sapevo che Mario sarebbe diventato il mio barbiere di fiducia. Scoprii che era davvero bravo come diceva. E in quei sabati mattina pieni di risate e spacconerie di quel gigante che davvero si credeva un dono mandato dal Signore per il genere femminile, vivevo un'esperienza che oltrepassava di molto il semplice taglio dei capelli.

Quando divenni un cliente abituale, Mario aveva sempre un bocconcino speciale per Peety. Era bravo a indovinare ciò di cui una persona (o un cane) aveva bisogno perché tornasse da lui. Nei mesi successivi, una serie di negozi concorrenti aprirono dall'altro lato della strada, per sfruttare la sua popolarità offrendo tagli da dieci dollari, o addirittura da sei (Mario ne chiedeva venti). Chiusero tutti nel giro di poco tempo: i suoi clienti erano affezionati, lui era bravissimo, e gli affari andavano a gonfie vele. Si definiva un «barbiere indipendente». Aveva il manifesto del sindacato dei Teamster appeso alla parete, lavorava sodo ed era padrone di se stesso; era orgogliosissimo di quel che aveva costruito.

Quella mattina, quando uscimmo per la prima volta dalla bottega di Mario, io e Peety notammo un negozietto dietro il suo, al fondo di un piccolo passo carrabile che quasi lo nascondeva dalla strada. La tenda aveva stampate delle scritte cinesi, il che lo faceva sembrare fuori posto in quello che evidentemente era un quartiere messicano.

Poi però notai alla finestra un'insegna verde al neon che diceva: «Toelettatura».

«Ehi, forse anche tu puoi farti un taglio, Peety.»

Si trattava proprio di una toelettatura per cani, e anch'essa sembrava uscita dal passato. Non era pulita e ordinata come le anonime aree che si trovano nei grandi supermercati di prodotti per animali. Ancora oggi non so se quel negozio avesse un nome, ma i gestori erano gentilissimi e mi promisero di pulire e pettinare Peety e restituirmelo come nuovo, per cui li lasciai fare. Peety uscì come se avesse appena trascorso una settimana in un centro benessere: era bello come non l'avevo mai visto.

Prendemmo l'abitudine di visitare il quartiere ogni fine settimana. Siccome riconoscevano Peety, i negozianti ci salutavano sempre. Iniziai a usare il lavasecco del posto: lasciavo le camicie in settimana e poi passavo a prenderle durante le passeggiate con Peety. Quando dimagrii ulteriormente, e i dolori alle caviglie e ai piedi sparirono, comprai un paio di stivali da cowboy da *El Rodeo Men's Wear*. Non avevo molte occasioni di indossarli, ma fu bellissimo avere una calzatura curiosa e differente, e non specificamente disegnata per piedi obesi. Infine mi piaceva l'idea di sostenere quelle piccole attività. Mario era una buona forchetta e mi indicò i migliori locali dove mangiare cibo messicano. Scoprii che quasi tutti erano felici di servirmi un piatto senza carne o formaggio, di solito una tortilla di mais farcita di verdure grigliate (appena prese dal vicino mercato), salsa fresca e salsa piccante. Era il pranzo perfetto e così delizioso che non sentivo affatto la mancanza del classico ripieno di carne e formaggio.

Uno degli aspetti più incredibili della mia nuova dieta è che dopo due mesi i miei gusti cambiarono. Più adoperavo spezie esotiche per insaporire un piatto, più le mie papille desideravano quei sapori forti. Non ero mai stato un appassionato di cibi speziati, eppure iniziai a usare ogni sorta di salsa piccante, in particolare nei ristoranti. Scoprii inoltre che ci sono molti più piatti vegani nei ristoranti etnici. Tofu, fagioli e verdure sono la base di molti piatti asiatici, ma per sicurezza chiedevo sempre se avessero bollito il riso nel brodo di pollo, o se usassero la salsa di pesce, per esempio. Dopo qualche tentativo avevo imparato a porre domande del genere e a ottenere quel che volevo senza esitazione. Fu in quei locali che passai rapidamente dai piatti poco speziati alle versioni piccantissime. Quando i camerieri nei ristoranti messicani, thailandesi o indiani mi chiedevano di scegliere il piccante in una scala da uno a cinque, andavo sul cinque. Provavano sempre a scoraggiarmi, spalancavano gli occhi: «È sicuro? È fortissimo!» Più di uno osservò che ero un «bianco», e che i «bianchi» non sono capaci di sopportare il piccante. Non erano razzisti, ma solo preoccupati che stessi male, o che magari mi precipitassi al primo rubinetto, o anche solo che rimandassi indietro il piatto. Non erano abituati a vedere un americano medio ordinare qualcosa oltre il due o il tre nella scala del piccante. Io insistevo, e il risultato era sempre soddisfacente.

I piatti piccanti e speziati offrono un ulteriore beneficio: accelerano il metabolismo, per cui permettono di bruciare più calorie. La dottoressa Preeti mi aveva parlato di quel cambio di gusti: «La prima fase del programma per tornare in salute prevede di rieducare le papille gustative e aumentare la percentuale di cibi nutrienti nella sua alimentazione. Ecco perché non conteremo le calorie, ma ci limiteremo a incrementare frutta e verdura, al contempo eliminando carne, latticini e qualsiasi cosa cui lei sia intollerante. Diminuire le calorie non ci interessa. Vogliamo assicurarci che il processo digestivo funzioni a dovere, così come l'assimilazione dei cibi e il metabolismo, tutte funzioni essenziali per perdere peso in modo sano e sostenibile. La seconda fase consiste nell'inglobare queste scelte sane nell'alimentazione quotidiana, trasformarle in un'abitudine, perché il suo organismo mantenga uno stato di salute ottimale. È nella seconda fase che elimineremo gli oli, alcuni grassi, in parte lo zucchero, e consumeremo sempre meno cibi confezionati. Così facendo ridurremo automaticamente l'apporto calorico, per cui anche in quel caso non dovrà badare alle calorie».

Mi sorprese apprendere che alcune persone ingrassano quando diventano vegane. Questo perché mangiano molti cibi spazzatura: alimenti confezionati, barrette energetiche e dolci che non contengono prodotti di origine animale, ma tante calorie e tanti grassi che non fanno bene alla salute. Anche escludendo gli alimenti confezionati, le calorie che si assumono friggendo o saltando gli ingredienti nell'olio possono aumentare anche di un terzo.

Per quel che mi riguarda, sapevo che non volevo cambiare alimentazione solo per ingrassare di nuovo. Avevo perso parecchi chili in modo miracolosamente facile. Le uscite con Peety si erano trasformate in mini-avventure che semplicemente avevano reso la mia vita più interessante e interattiva, e i piatti che mangiavo erano più buoni di quasi tutto ciò che avevo provato fino ad allora. Inoltre potevo mangiare a volontà, fino a sentirmi sazio, ma non ero più stanco e assonnato a fine pasto. Ogni mattina mi svegliavo riposato e pronto a ricominciare la giornata. Inoltre avevo sempre meno dolori, per cui anche muoversi era diventato più facile. E più movimento facevo, meglio mi sentivo; e meglio mi sentivo, più era facile uscire, per il bene di Peety.

Portando a spasso un cane si scoprono un sacco di posti. A parte Mario e quel piccolo centro di quartiere, assaporai per la prima volta il brio e l'unicità della comunità messicana (caratteristiche prima invisibili ai miei occhi), così come i colori e l'arredo di ristoranti e negozi, fino all'importanza suprema della *familia*. Per esempio, ogni fine settimana, vedevo gruppi di persone che lavavano le automobili in uno dei parcheggi del quartiere. Quel che non sapevo era che si trattava di «autolavaggi funebri»: i parenti del defunto lavavano le auto chiedendo dieci dollari l'una per raccogliere il denaro necessario per la sepoltura. Non avevo mai sentito di una cosa del genere in nessuna comunità, o in nessun'altra parte del Paese. Quello spirito di iniziativa e di collaborazione era davvero ammirevole.

Io e Peety scoprimmo anche un altro parco, la settimana del mio primo taglio di capelli da Mario. Era più distante del primo, per cui dovevamo raggiungerlo in macchina, ma in compenso aveva un bellissimo anello di circa un chilometro e mezzo intorno a bellezze ancora più inattese. L'Emma Prusch Farm Park era una vecchia fattoria che era stata donata alla città di San Jose. Conteneva una vecchia stalla che il comune aveva convertito in un centro educativo, e un vecchio mulino che girava cigolando nella brezza. Sebbene il frastuono dei veicoli che transitavano sulla vicina autostrada arrivasse come un brusio di onde distanti, i prati e i cespugli emettevano un altro tipo di rumore che immediatamente catturò l'attenzione di Peety: il chiocciare di galline, intramezzato dall'occasionale canto di un gallo; sembrava davvero di stare in campagna. Sebbene dovessi tenere Peety legato (c'erano troppe persone che prendevano il sole o che portavano a passeggio il loro cane), quel parco divenne subito una delle sue mete preferite. Sì, strattonava il guinzaglio e cercava di catturare le galline; sì, puntava e abbaiava agli altri cani, ma adorava gli odori, i colori e l'eccitazione che provenivano da ogni angolo di quel posto. Come me, d'altronde.

Per qualche ragione, quel parco era pieno di donne che portavano a spasso il loro cane, e per la prima volta le notai. Quindici anni senza un appuntamento galante sono davvero tanti, ed evidentemente gli integratori della dottoressa Preeti (sommati al mio nuovo stile di vita) iniziavano a fare effetto, perché ogni volta che andavo là mi sorprendevo a lanciare occhiatine in giro. Le sensazioni mi prendevano alla sprovvista: una folata di profumo, una coda di cavallo che rimbalzava al ritmo di jogging, le spalle che spuntavano da una canottiera attillata. Molte cose erano cambiate nella moda sportiva, da quando avevo abbandonato l'interesse per l'altro sesso. Ora le donne indossavano i leggings in pubblico, senza nient'altro sopra. A volte ero quasi imbarazzato a guardarle! Ma la parte più scioccante era che le guardavo.

Peety calamitava molte attenzioni, da parte di donne

di ogni età: «Che bello!» «Ma ciao! Sei adorabile!». Lui era felicissimo e gongolava ogni volta che qualcuna gli grattava il collo. Il padrone, tuttavia, non attirava le stesse manifestazioni di affetto. Ero ancora enorme, e sebbene fossi sceso sotto i centoquaranta chili, seguissi la dieta e camminassi sempre più nei fine settimana, non c'era nulla di attraente in me, tranne il cane. Ero sicuro che se fossi andato là da solo, nessuna mi avrebbe mai notato, né tantomeno salutato, nonostante il mio taglio di capelli firmato da Mario. Tuttavia, il fatto che mi sentissi moderatamente attratto da quelle donne mi dava speranza: forse, se fossi tornato in forma, un giorno o l'altro una di loro mi avrebbe guardato, sarebbe stata davvero attratta da me.

A parte quell'assembramento di biondine e morette, al parco scoprii una cosa cui non avevo mai fatto caso in vita mia: un mercato di contadini. Una volta alla settimana alcuni produttori agricoli della regione allestivano le loro bancarelle e vendevano frutta e verdura di produzione propria. Non avevo mai visto del cibo così bello. Abitavo in California, la terra dell'abbondanza, dove crescono ortaggi freschi tutto l'anno, tuttavia non li avevo mai comprati, né avevo mai acquistato nulla direttamente da un produttore. Non so cosa pensarono di me quando rimasi incantato dai prodotti della loro terra.

Peety perlustrò il mercato, annusandone letteralmente ogni angolo. «Che ne pensi?», gli chiedevo porgendogli un pomodoro o una zucchina. Lui annusava e approvava guardandomi, o viceversa rifiutava girando il capo dall'altra parte. I venditori, quasi tutti messicani, non sembravano infastiditi dal fatto che facessi annusare la verdura al cane, anzi molti di loro gli offrivano qualche regalino. Alcuni addirittura vendevano bocconcini per cani fatti in casa. La presenza di un cane nel mercato dei contadini rendeva persino più genuino l'evento.

Io invece mi sentivo un alieno appena sbarcato da un altro pianeta: ero sbalordito da tutto ciò che vedevo. C'erano varietà antiche di pomodori, di ogni forma, dimensione e colore. Pensavo che i pomodori fossero solo rossi e rotondi! Invece ce n'erano di gialli e di viola, e altri quasi neri o quasi bianchi. C'era un intero arcobaleno di colori solo nella sezione dei pomodori. Comprai una zucchina più grande della più grande baguette farcita di carne e formaggio che avessi mai mangiato. C'erano arance di tutte le dimensioni, e pesche, albicocche, insalate e verdure di ogni foggia, e poi mandorle, avocado e meloni dal profumo delizioso.

Nel parco trovai anche un gruppo di acquisto solidale: con una spesa prepagata di qualche centinaio di dollari ti garantivi sei mesi di fornitura di frutta e verdura. Ogni settimana ti davano una cassetta piena di ortaggi di stagione. Non sapevi esattamente cosa ti sarebbe stato recapitato, ma per me, che ero nel bel mezzo della scoperta di nuovi alimenti, quello era un vantaggio irresistibile. Mi iscrissi all'istante, poi feci due conti e scoprii che alla fine avrei pure risparmiato un sacco sulla spesa. Non potevo crederci: prodotti freschi coltivati a mano, che sarebbero passati direttamente dalla terra alla mia dispensa per pochi spiccioli.

In effetti, la nuova dieta si stava rivelando molto vantaggiosa dal punto di vista economico. Compravo il tofu biologico all'ipermercato a due dollari e mezzo al chilo. Per dodici dollari acquistavo sacchi di fagioli o riso che mi duravano mesi, e si traducevano in pochi centesimi al piatto. Investii in un set di contenitori per alimenti, per mantenere freschi i prodotti a lungo e organizzare la dispensa. Ogni pasto mi costava la metà di uno a base di carne, anche se ovunque era possibile compravo solo prodotti freschi, biologici e di origine locale. Spendevo circa un quarto rispetto al mio passato regime a base di fast food e cibi da asporto.

Inoltre mi divertivo. Seguii il consiglio della dottoressa e iniziai a fare la spesa nei minimarket e nei mercati messicani e asiatici, anziché nei supermercati comuni, e ogni volta scoprivo cibi che non avevo mai visto o annusato prima. C'erano intere corsie dedicate solo alle spezie. Non bustine, ma sacchi pieni di peperoncini secchi, semi e foglie o radici essiccate e pronte da macinare secondo necessità, un metodo che sprigionava un aroma dieci volte più intenso di qualsiasi spezia preconfezionata. Ogni volta notavo verdure nuove. Una settimana scoprii il *pak-choi*, un tipo di cavolo cinese pieno di sostanze nutritive e che ha un gusto strepitoso anche solo saltato in padella con aglio e peperoncino. Un'altra settimana trovai casse di *jackfruit* all'entrata di un negozio, quei frutti tropicali verdi e bitorzoluti che possono arrivare alle dimensioni di una testa umana. Sembravano arrivare direttamente dall'era dei dinosauri. Avevo letto qualcosa su di loro e sapevo che molti chef vegani ne usano la densa polpa per riprodurre la consistenza del maiale sfilacciato.

La ricchezza dei prodotti, i profumi e i sorrisi dei proprietari di quei negozi, che spesso avevo oltrepassato in auto ignorandoli, mi spingeva a ritornarvi di continuo. Non ne avevo mai abbastanza. Ripensavo al commento della dottoressa riguardo al fatto che esistono oltre ventimila piante commestibili al mondo, e volevo provarle tutte! Questa fascinazione alimentava la voglia di imparare a cucinare i nuovi ingredienti che portavo in cucina.

Certo, a parte questa beata scoperta dei prodotti della terra, io e Peety dovevamo affrontare i problemi della vita, che spesso si presentano quando meno te li aspetti e prendono la forma di piccoli fastidi domestici, come quando mi successe di tirare lo sciacquone una domenica mattina e di rimanere con la maniglia in mano. Non certo il modo ideale per incominciare la giornata! Alzai il coperchio della vaschetta e riuscii ad azionare il meccanismo manualmente, ma scoprii che la maniglia non si era allentata, era proprio rotta. Era un gabinetto economico e dato che non ero in affitto, non potevo chiamare il padrone perché risolvesse il problema: dovevo contattare un idraulico o riparare il bagno da solo. Non conoscevo idraulici che uscissero la domenica senza chiederti uno sproposito, per cui lasciai Peety a casa, presi il pezzo rotto e andai in un grande magazzino di prodotti per la casa e il fai da te.

In passato sarei entrato e uscito il più in fretta possibile, anzi prima avrei guardato su Internet la mappa del negozio, per raggiungere il reparto idraulica con il tragitto più breve. Ora che ci penso, forse avrei lasciato il gabinetto rotto e avrei continuato a tirare lo sciacquone dalla vaschetta; per sempre. Comunque sia, di certo non mi sarei soffermato nel reparto luci a immaginare un lampadario ultramoderno di vetro soffiato rosso nella mia sala da pranzo; non sarei andato a curiosare tra mensole e scaffalature, pensando a come organizzare le carte del lavoro per liberare il tavolo da pranzo; non mi sarei dilungato nel reparto pittura, poi in quello degli elettroutensili, quindi in quello di tendaggi e persiane, solo per curiosità, per vedere quanto costavano tutte quelle cose. Tornando verso le casse non mi sarei mai fermato a sfogliare libri di decorazione d'interni, né avrei mai preso in mano un manuale di falegnameria con alcuni facili progetti per la casa. Invece quella volta feci tutto ciò: trascorsi buona parte della mia domenica a gironzolare in quel centro per il fai da te.

Da bambino avevo una certa manualità, avevo buoni voti nelle lezioni di laboratorio e di falegnameria, ma erano ormai anni che non prendevo in mano chiodi e martello se non per appendere un quadro, e a pensarci bene da quando mi ero trasferito nel nuovo appartamento non avevo fatto nemmeno quello. Per questo fu quasi un'esperienza extracorporea vedere la commessa che batteva per me un kit di riparazione del gabinetto, un libro sulla lavorazione del legno e altri due sulla decorazione. *Lo farò davvero.*

E lo feci. Lessi i libri dall'inizio alla fine, raccogliendo spunti e ideando progetti. Imparai la teoria del colore, e che la cosa più importante per decorare è partire da un tema, che sia un colore o un oggetto. Ero così innamorato della cultura messicana del quartiere che avevo scoperto camminando con Peety che decisi di cominciare da lì. Il calore dell'architettura spagnola e i toni accesi della tavolozza messicana erano ricchi e invitanti: le pareti bianche del mio appartamento mi sembravano più che mai spoglie e vuote. Quindi comprai due grandi secchi di pittura di un colore chiamato «Torta di panna». Ecco da dove avrei cominciato: facendo sparire il bianco. Peety mi seguiva di stanza in stanza osservandomi meravigliato mentre ritinteggiavo l'appartamento. Così fece anche quando rientrai una seconda volta con diverse tinte prelevate dalla gamma «revival spagnolo», e dipinsi una parete per stanza con colori diversi: cioccolato, terracotta e altri. Comprai anche un paio di fari da cantiere, per lavorare anche di notte e, a parte le uscite con Peety, dedicai quasi tutto il mio tempo libero a trasformare l'appartamento in qualcosa di cui sarei potuto andare orgoglioso.

Anziché comprare i lampadari che avevo visto nel centro per il fai da te, andai in un negozio specializzato e trovai alcuni prodotti di alta gamma leggermente danneggiati oppure restituiti, e li acquistai con un fortissimo sconto. Decisi anche di cambiare tutte le mascherine degli interruttori, sostituendo quelle di plastica con altre di fattura artigianale in acciaio e vetro, con colori che si abbinavano al tema delle pareti. Quel piccolo dettaglio fece una grande differenza. Con un investimento di circa duecento dollari trasformai la mia anonima casetta in un appartamento di cui essere orgoglioso.

Installai un porta-pentole di acciaio inossidabile, sospeso sulla cucina a isola, e organizzai la mia nuova batteria professionale di pentole e padelle come si vede nelle cucine degli chef. Imparai a piastrellare e feci una parete paraspruzzi dietro il lavandino. Poi comprai alcuni elettroutensili e mi costruii delle mantovane in legno per le finestre, un insieme di tavolini e sgabelli, e poi mensole e portavasi. Mi ispirai ai libri di architettura spagnola, e dipinsi tutto di marrone intenso. Probabilmente i vicini mi odiavano per il rumore che facevo, ma non riuscivo a smettere. Avevo constatato che potevo personalizzare il mio spazio e renderlo più bello, e volevo fare sempre di più. Mi piaceva l'odore della segatura e Peety ci si rotolava dentro grattandosi la schiena. Quando aveva finito, lo sfregavo con un asciugamano e poi passavo l'aspirapolvere. Il rumore non lo infastidiva. Se avevamo fame, mangiavamo insieme sul pavimento del salotto.

Una sera quel pasto condiviso mi fece pensare a tante cose, com'era successo la prima volta che avevamo diviso il tofu saltato. Innanzitutto decisi che il pavimento in laminato su cui sedevamo era troppo banale: io e Peety meritavamo di meglio. Quindi comprai, tagliai e posai un parquet di ciliegio brasiliano. Fui costretto a lavorare inginocchiato e mi spezzai la schiena e le ginocchia. Spalmai il lavoro su più giorni, per non farmi troppo male. Mi mancava il fiato e sudavo, ma Peety leccava le mie guance salate e il suo sguardo pieno di ammirazione mi spronava a procedere.

Lavorando nelle ore libere, ci misi un paio di mesi per completare tutto: le pareti, i pavimenti e le luci. Io e Peety non vivevamo più in una scatola bianca: ogni volta che aprivamo la porta e accendevamo le luci venivamo colti da una sensazione di sorpresa, un moto di orgoglio. Vedendo i toni caldi, non ci sembrava di entrare nell'alloggio di un condominio, ma in un palazzo principesco: il nostro palazzo.

La cosa migliore era che il lavoro non era finito: era sempre un *work in progress*. Le stampe che avevo tirato fuori dagli scatoloni e appeso alle pareti non erano all'altezza della mia opera: sembravano recuperate da una casa di studenti. Mi ero dedicato anima e cuore per abbellire quel posto e dovevo continuare. Mi serviva un vero letto con le spalliere, o almeno la testiera. Non ne avevo mai avuto uno così. La credenza dell'Ikea era del tutto insufficiente. Il tavolo da pranzo non era nulla di speciale. Ora che avevo montato le mensole, e che scatole e scartoffie erano sparite, e che c'era un bel lampadario sul soffitto, e che cucinavo piatti fantastici, non meritavamo un tavolo da pranzo degno di tutto ciò?

Non so spiegare da dove nacque il desiderio di mettere in casa solo cose belle, ma accadde. E non so spiegare perché ordinare mobili online e vederseli consegnati da un magazzino anonimo perse il suo fascino, ma accadde. Da quel momento in poi volevo che ogni nuovo oggetto che entrava in casa fosse stato amato e curato alla stessa maniera. Io e Peety dovevamo andare in missione per trovare cose del genere, ovunque esse fossero. La prima cosa che ci serviva erano dei quadri.

«Peety, che ne dici se ci facciamo un giro a San Francisco?»

10

Progressi

NEI primi tre mesi di dieta, prima di pesarmi dalla dottoressa Preeti mi toglievo scarpe e cintura e mi assicuravo di
indossare gli abiti più leggeri che avevo; riducevo persino il
sale, nella speranza di liberarmi di tutta l'acqua possibile.
Volevo farle una buona impressione, volevo che vedesse un
progresso. Mi ci volle un po' per capire che i chili persi di
settimana in settimana non le interessavano affatto. Suppongo che se avessi iniziato a prendere peso avrebbe espresso
qualche preoccupazione, ma nulla più. Niente attribuzione
di colpe, nessuna ramanzina, solo preoccupazione. Era una
mia sostenitrice, desiderava che avessi successo. Ma non era
una competizione, né una scuola; non c'erano voti. L'unica
cosa che le interessava era la mia salute. Quando parlava
di numeri si riferiva sempre a centimetri e percentuali di
grasso corporeo, piuttosto che al «peso».

Raggiunsi un punto in cui smisi di sforzarmi di seguire
la dieta, che peraltro passò in secondo piano: mangiavo
solo alimenti di origine vegetale e nient'altro. Facevo due
camminate al giorno con Peety, e altre più lunghe nei week-

end. Lavoravo e ogni tanto provavo nuove ricette. Avevo tenuto la donna delle pulizie, anche se Peety non sporcava più come all'inizio, e la incaricai anche di portarlo in giro durante le mie assenze, perché non sopportavo l'idea di affidarlo a una pensione per cani. La casa era anche sua, e lui meritava di non andarsene. Mi sarebbe piaciuto tantissimo portarlo con me durante le trasferte e agli appuntamenti, ma ero abbastanza sicuro che la presenza di un cane di taglia media fosse inaccettabile nel mio ambiente di lavoro. Cercavo dunque di assentarmi il meno possibile e sempre per periodi brevi.

Con il passare dei mesi, tutto ciò divenne la mia routine, la mia vita: perdere peso era un effetto collaterale, piuttosto che l'obiettivo principale. In effetti, il modo in cui vivevo con Peety era diventato così abitudinario che non mi accorsi nemmeno di aver raggiunto i primi sei mesi di cura con la dottoressa Preeti. Restai di sasso quando un giorno mi disse che quello era il nostro ultimo appuntamento settimanale prepagato. Da quel momento in poi ci saremmo visti solo una volta al mese per un controllo, sempre che fossi d'accordo.

Ero triste. Mi piaceva andare a trovarla ogni settimana per parlarle di quel che avevo mangiato, dei posti in cui ero stato, di come stava Peety e di come mi sentissi io. Tuttavia era anche un traguardo importantissimo: la dottoressa mi riteneva pronto a procedere da solo. I controlli mensili erano fondamentali, disse, almeno finché non avessi raggiunto un peso ottimale, avessimo eliminato gli integratori e gli esami del sangue si fossero regolarizzati. Ma i miei esami erano già incredibilmente a posto. In meno di sei mesi ero riuscito a interrompere ogni cura farmacologica. Avevo smesso l'insulina e normalizzato i livelli di glucosio e di emoglobina glicata. Il colesterolo era precipitato da 400 a 120, e la pressione era scesa da 170/100 a 100/60. Con ogni medicina che la dottoressa mi toglieva, mi sentivo meglio. Giuro che la metà dei miei problemi di salute, inclusi i dolori alle articolazioni, i disturbi all'intestino, il problema del sonno, l'affaticamento, il mal di testa e altri, erano solo effetti collaterali dei farmaci che prendevo per mantenermi in vita in uno stato di obesità patologica. Ero diventato una pubblicità vivente del lungo elenco di controindicazioni che si trovano nelle confezioni di farmaci.

Ero ancora in sovrappeso. Avevo molta strada da fare prima di raggiungere la normalità, ma nel corso di quell'ultimo appuntamento settimanale dalla dottoressa Preeti, quando salii a piedi scalzi sulla bilancia meccanica, con la fredda base di metallo e i cursori che si spostano a destra e a sinistra per determinare il tuo destino, la osservai spingere il cursore più a sinistra di quanto fosse mai andato in mia presenza, fino a fermarsi sui novantacinque chili.

In soli sei mesi, semplicemente seguendo le sue indicazioni (che a conti fatti erano di mangiare cibi squisiti e portare a spasso un cane che amavo e che mi adorava), ero dimagrito del peso medio di una donna adulta. Avevo portato in giro il peso di un altro essere umano! Su Internet scoprii che cinquantacinque chili equivalgono a una cintura composta da centocinquanta lattine di pomodoro. Alcuni degli elettrodomestici che vendevo pesavano meno di quanto avessi perso in ventiquattro settimane.

Pensai alle altre diete che avevo tentato e mi sentii un idiota. Mi sentivo imbrogliato! *Perché nessuno mi ha parlato*

*di questa soluzione vegetale? Perché questo programma non è
famosissimo? Perché i dottori non lo consigliano a tutti? Perché
il cittadino medio ignora quanto sia efficace e semplice da seguire?*

Cercai di non concentrarmi sui numeri. Il calo di peso
era solo un effetto collaterale dell'alimentazione sana e
degli esercizi moderati. Lo sapevo benissimo, eppure...
cinquantacinque chili? I miei occhi si riempirono di lacrime.
«Grazie», dissi alla dottoressa.

«Grazie a lei per essere un ottimo paziente, Eric. Dovrebbe ringraziare se stesso. È lei che ha lavorato, che ha
scelto e che si è impegnato per arrivare fino a questo punto.»

«Ma non ce l'avrei mai fatta senza di lei.»

«Sono contenta di vedere che si sente meglio e spero
che continuerà.»

«Oh, lo farò, senza dubbio. Non ritornerò mai e poi mai
com'ero prima.»

«Si ricordi che quello che conta sono le azioni quotidiane.
Sono felicissima di sapere che fa delle lunghe camminate
nei fine settimana, ma non smetta di uscire per trenta minuti due volte al giorno, ogni giorno. È questa la chiave.
Sia costante, e non cerchi di recuperare il tempo perduto
un giorno camminando il doppio o il triplo in un altro
momento.»

«Va bene.»

«E adesso che non ci vedremo ogni settimana, continui
come se lo facessimo ancora. Si procuri una bilancia, se per
lei è un incentivo. Continui a mangiare bene, ovviamente,
e se si stufa, provi qualcosa di nuovo. C'è sempre qualche
nuova ricetta da provare, senza ricominciare a mangiare
animali.»

«Oh no, quello non lo farò mai più. Lo prometto. Non voglio. Adesso non mi piace nemmeno più l'odore degli hamburger. L'idea di mangiare la carne di un animale mi disgusta. In effetti sto pensando di iscrivermi a un corso di cucina vegana o qualcosa del genere. Non voglio stufarmi di questa alimentazione, capisce? Voglio continuare a imparare, per cucinare sempre meglio, e preparare nuovi piatti anche per Peety. Adora quello che gli propongo.»

«Benissimo! Lo faccia. Qualsiasi cosa che aiuti a mantenere acceso e vivo l'interesse. E un corso di cucina è un'ottima attività sociale. Condividere le ricette con altri, cucinare e mangiare insieme, non solo con il suo cane, ma con persone che hanno gusti e interessi simili, la aiuterà a restare concentrato sull'obiettivo e a tenere la rotta.»

«Sì, spero che non le sembri troppo strano se spesso ceno insieme al mio cane.»

«No! Non la biasimo affatto, però ha mai pensato di frequentare un gruppo, per socializzare, o di cercare un appuntamento con una donna o qualcosa del genere?»

«No, voglio dire, non sono ancora in forma per attrarre una donna. C'è ancora tanta strada da...»

«Non si abbatta, Eric. A volte l'idea che uno ha di sé non corrisponde a quella che hanno gli altri. Potrebbe passare molto tempo prima che lei smetta di vedersi com'era, ma non è più lo stesso sotto molti aspetti. Guardi tutto quel che ha fatto, i lavori in legno, la ristrutturazione...»

Non mi convinceva: non ero pronto per un appuntamento. Ero sicuro che nessuna donna si sarebbe mai interessata a me e avevo i miei buoni motivi per crederlo, a parte il peso. Avevo un altro problema fisico, e questo era illogico, grottesco e imbarazzante. Avevo temuto di dover affrontare il problema delle smagliature se avessi perso peso in fretta, ma non era successo. Sono stato fortunato sotto questo aspetto, proprio come alcune donne che dopo la gravidanza ritornano in forma senza problemi. La mia pelle si ritirava in proporzione ai chili persi. Il problema era un altro, ma non ero pronto a condividerlo, nemmeno con la dottoressa Preeti. Mi ci sarebbero voluti altri due mesi, e l'errore di consultare un altro medico, prima che riuscissi a parlargliene, ma sapevo che finché non l'avessi risolto, non avrei mai potuto avvicinarmi a una donna. In ogni caso le sue esortazioni mi fecero sperare nella possibilità di condurre una vita normale.

Non uscii dallo studio con una sensazione di trionfo, ma chiedendomi quando sarebbero finalmente scomparse l'insicurezza e l'infelicità; ogni volta che le cose andavano bene, spuntava sempre un problema nuovo e terribile. Cercai sollievo nei ricordi delle scritture. Tenevo sempre la Bibbia sul comodino, e ogni tanto la aprivo per ricordarmi il potere di quelle parole. Mi venne in mente un passo di un salmo:

Spera nel Signore, sii forte,
si rinfranchi il tuo cuore e spera nel Signore.
Salmi 27,14

Eccomi lì, cinquantacinque chili in meno ma con la sensazione che il mio stesso corpo mi tradisse. Sotto i vestiti, la psoriasi a placche era aggravata. Si era allargata esponenzialmente, prudeva, faceva male. Ero squamoso come un rettile, e il punto in cui si manifestava sembrava

126

il frutto di un destino crudele, di una punizione divina. Il tradimento della mia stessa pelle mi spingeva a dubitare di me stesso, delle mie capacità di proseguire; a mettere in discussione la validità del percorso fatto. Poi pensai a Peety e scossi il capo, facendo un bel respiro profondo. Non potevo abbandonarlo, non potevo cedere. Il problema non era così grave da stimolare pensieri suicidi. Non mi erano più venute idee del genere da quando avevo visto la luce, ma non riuscivo a liberarmi dall'odiosa sensazione che vi fosse qualcosa di terribilmente sbagliato in me.

Volevo avere pazienza, perché dovevo andare avanti. Ero contentissimo di portare Peety a San Francisco per il fine settimana, di fargli vedere la città; avrei voluto portarlo con me ovunque. Quando eravamo distanti mi mancava, e in quei momenti ricadevo nelle brutte sensazioni del passato: mi sentivo solo, isolato, scollegato dal mondo.

Durante i brevi viaggi di lavoro, trascorrevo le ore in cui non avevo appuntamenti chiuso in albergo. Chiedevo il servizio in camera pur sapendo che sul menu non c'era niente per me tranne insalata e patate. E dovevo impegnarmi per spiegare alla cucina che cosa significasse «vegano». Significava: non cuocete le mie patate nel burro, né aggiungete burro, panna o formaggio a quel che vi ordino. Nonostante ciò, a volte dovevo rimandare indietro i piatti, perché avevano messo il formaggio nell'insalata, o aggiunto crostini e condimenti che contenevano prodotti caseari o uova, e che di certo erano pieni di ingredienti artificiali.

Se avessi potuto portare Peety con me, la sua presenza avrebbe reso tutto più semplice. Niente mi scalfiva, se avevo la possibilità di guardarlo negli occhi. Avevo molto di cui sentirmi grato. C'erano diversi giorni in cui ero davvero felice, eppure anche in quella felicità mancava qualcosa. Più che mai, e per la prima volta in vent'anni, desideravo un'altra persona con cui condividere la vita. Nessuno tranne Peety e la mia donna delle pulizie, Sally, aveva visto i lavori che avevo fatto in casa. Avevo mostrato qualche foto sul cellulare alla dottoressa Preeti, ma nient'altro. A eccezione dei sorrisi e dei saluti dei miei nuovi amici nel quartiere messicano, non interagivo con nessun altro essere umano, in particolare quando non avevo Peety al mio fianco.

Pregai: Dio, per favore, permettimi di avere una vita normale. Quel pomeriggio tornai a casa esaminando gli anni trascorsi, cercando di ricordare l'ultima volta in cui mi ero sentito «normale». *O Signore, è passato davvero tanto tempo da quando la gloriosa normalità era tutto ciò che conoscevo.*

11

Cicciolandia

«Ciccio! Prendi la palla! Corri!»

Tim era il più atletico di tutti. Io giocavo nella posizione di esterno centro. Eravamo in terza elementare, nell'ora di ginnastica, e giocavamo a kickball, una versione semplificata dal baseball che si gioca con i piedi. Tim aveva appena lanciato il pallone rosso oltre il mio capo e al di là della recinzione del campo.

All'improvviso tutti i bambini si unirono al coro: «Vai a prenderla, Ciccio! Dai, Ciccio!»

Corsi verso la rete più in fretta che potevo, mentre Tim doppiava le basi. Non era alta, sì e no quanto me, serviva appena a delimitare il campo di gioco, ma per me era come la Grande muraglia cinese. Afferrai la sbarra superiore e alzai un piede cercando di incastrarlo in una maglia della rete, ma l'erba era bagnata e la scarpa scivolava. Cercai di restare aggrappato alla sbarra e lanciare la gamba oltre la rete, per poi issarmi su, ma era troppo alta.

«Muoviti, Ciccio!» gridavano tutti.

Con il volto paonazzo strinsi la sbarra con entrambe

le mani e saltai, cercando di sollevarmi su tutte e due le braccia come un ginnasta alle Olimpiadi. Restai sospeso per tre secondi, agitando le gambe, cercando di incastrare un piede da qualche parte per darmi la spinta extra che mi serviva. Non mi importava di ribaltarmi e cadere di schiena dall'altra parte: dovevo superare la recinzione!

Fu tutto inutile. Nel frattempo, Tim toccò tutte le basi e tornò alla casa base, vincendo la partita. Poi corse verso di me e, senza fermarsi, senza alcuna esitazione, allungò un braccio in avanti e scavalcò la recinzione con un balzo atletico. Atterrò sui piedi, raccolse la palla e la lanciò così forte che rimbalzò fino alle mani dell'insegnante, sul monte di lancio.

Non so perché, ma quell'episodio mi era tornato in mente in quel momento. Non era stato un avvenimento cruciale della mia vita, non ero scoppiato a piangere, né i compagni avevano continuato a prendermi in giro. Era stato solo un giorno di scuola come tanti, una delle molte volte che non ero riuscito a fare quel che facevano i miei coetanei solo perché ero in sovrappeso. L'insegnante non rimproverò nessuno per avermi chiamato «Ciccio», perché tutti mi chiamavano così. Era solo un soprannome. Tutti hanno un soprannome, pensavo, e il mio era Ciccio.

I miei genitori avevano divorziato quando avevo dodici anni. La mamma era andata via di casa. Il papà aveva tre lavori ed era sempre lontano. Rientrava almeno una volta a settimana per riempire frigorifero e dispensa, e poi se ne andava di nuovo. Forse passava più spesso, ma era come se non ci fosse. Dopo il divorzio divenne una specie di donnaiolo, aveva sempre una compagna nuova. Senza la supervisione di un adulto, noi sette (i miei due fratelli e i quattro cugini che i miei genitori avevano adottato alla morte della zia) diventammo una banda di teppisti. Non entrerò nei dettagli, ma ci mettevamo sempre nei guai. Vivevo nella Bay Area, erano gli anni Sessanta e Settanta, e tutti quelli che conoscevo fumavano erba. A tredici anni iniziai a fumare le sigarette e a farmi le canne. Il nostro non era un semplice caso di ribellione adolescenziale; giravano soldi e armi, e diciamo solo che la nostra gang rubava automobili, ogni tanto.

Trovavo pace solo fra le braccia della mia ragazza, Jaye, che aveva un anno meno di me ed era la persona più accogliente e affettuosa che conoscessi. A volte marinavamo la scuola solo per stare insieme. Ero cresciuto di qualche centimetro alle superiori, e non ero più così grasso come quando mi chiamavano Ciccio, ma di certo non ero un figurino rispetto alla maggior parte dei miei coetanei. A Jaye questo non importava. Per lei ero il ragazzo più bello del mondo; mi amava per quel che ero, e anch'io la amavo. Uscimmo insieme per due anni. Forse ci saremmo sposati, se il fato non ci avesse separati.

Quando compii diciassette anni, i miei amici erano ormai coinvolti in affari davvero loschi. Vidi la strada che avevano intrapreso e decisi di cambiare direzione, perché non volevo finire in carcere o al cimitero. Mi arruolai nell'esercito, allontanandomi il più possibile di casa. Mi mandarono di stanza in Germania e detestai ogni singolo giorno di servizio militare. Persi i contatti con Jaye. L'esercito mi rimise «in forma» con le maniere forti: il rancio era così scadente che mangiavo davvero poco e l'addestramento era durissimo.

Terminato il periodo di ferma, girovagai per gli Stati Uniti in autostop finché finii in Kansas, dove trovai lavoro: dipingevo le torri dell'acqua per tredici dollari l'ora. Erano i primi anni Ottanta per cui la paga era buonissima, ma il lavoro era pesante e pericoloso. Ero a più di trenta metri da terra, dentro un serbatoio rovente, con temperature che arrivavano a cinquanta gradi, e dovevo sabbiare e verniciare le pareti di resina epossidica. Le esalazioni erano tremende e, abbinate alla carenza di ossigeno, potevano provocare allucinazioni. Non tenni quel lavoro a lungo e imparai una grande lezione: non avrei mai più fatto un lavoro fisico, se avessi potuto farne a meno.

Tornai nella Bay Area e mi resi conto che non sapevo che fare della mia vita. Decisi di guardarmi intorno, per cui andai in un'agenzia di lavoro interinale e dissi: «Voglio lavorare, ma voglio che mi cambiate lavoro ogni settimana per un anno intero. Non voglio mai fare lo stesso lavoro due volte, mai lo stesso *settore* due volte, se possibile». Accettarono la sfida. Feci cinquantadue lavori diversi in altrettante settimane, e in pratica scoprii che esistono due tipi di mestieri: quelli in cui ti pagano per usare il tuo corpo, spesso sotto il sole cocente, e quelli in cui ti pagano per usare la tua mente. Questi ultimi di solito si svolgono comodamente seduti in un ufficio con l'aria condizionata. Decisi di seguire questa seconda strada.

Dopo qualche periodo di prova in varie aziende, scoprii di essere un bravo venditore. Sapevo parlare con le persone e sapevo ascoltare, riuscivo a stringere amicizia in fretta, a far ridere i clienti e a convincerli che acquistare i miei prodotti o servizi era nel loro interesse. Il mio obiettivo era guadagnare il più possibile lavorando il meno possibile. Le vendite non erano un lavoro, ma un divertimento: la fatica vera era sopportare il fiato sul collo dei superiori, e tutti i grattacapi che ti rovesciano addosso per controllarti e farti sentire insignificante. Odiavo essere controllato. Mi ero congedato dall'esercito proprio perché non volevo più ricevere ordini. So che non è sempre possibile, ma di certo mi sono impegnato perché la mia vita prendesse quella piega.

Alla fine capii che il posto migliore nel campo delle vendite è fare il rappresentante per la costa occidentale di un'azienda che ha sede sulla costa orientale. In questo modo hai tutto il supporto e i rimborsi spese di una grande impresa, ma segui i tuoi tempi, a parte le sporadiche visite di capetti e manager, e quelle molto sporadiche al quartier generale. Il settore degli elettrodomestici era quello che offriva le migliori opportunità in questo senso, così mi misi alla ricerca.

Guadagnai parecchio e il mio corpo abusato dall'esercito resistette fino ai trent'anni circa. Ero un bel ragazzo con tanti soldi da spendere e la mia vita sentimentale era infuocata. Me la spassavo, ma presto mi stufai di saltare da un letto all'altro. Viaggiavo molto per lavoro e non restavo mai a lungo in un unico posto. Cominciavo a desiderare una vita più stabile, magari persino sposarmi, ma d'altro canto volevo anche fare la bella vita, nel senso che non volevo ritrovarmi in ristrettezze economiche come era capitato ai miei genitori. Non sapevo come ottenere entrambe le cose.

Alle feste e nei bar evitavo certe domande, come: «Dove sei andato all'università?» A volte mi sembrava di essere l'unico in tutta la California a non avere una laurea. Le donne che mi piacevano erano infastidite dal fatto che non avessi studiato, e questa mancanza era un ostacolo anche per la carriera. *Chi mai sposerebbe un analfabeta come me?*

Non sapevo nulla sull'università, nemmeno come si accedesse o se ammettessero persone della mia età. Usando le mie competenze di venditore, però, mi bastò un giro di telefonate per ottenere un appuntamento con il rettore della San Jose State University, che mi parlò del College Level Examination Program, un esame che ti permette di accedere all'università anche senza il diploma. Non dovevo seguire nessun noiosissimo corso base di inglese e matematica: se passavo quel test, ero dentro.

Era tutto ciò che mi serviva sapere. Studiai come un matto: comprai e assimilai alcuni testi come *Impara da solo le frazioni e le divisioni in colonna*; studiai tutta la matematica che non avevo appreso alle superiori e passai gli esami. Passai anche il primo anno con una serie di esami, anziché seguire i corsi. Per i tre anni rimanenti mi impegnai tantissimo, sempre continuando a lavorare, finché non completai il corso con il massimo dei voti.

A quel punto avevo diverse possibilità davanti a me. Pensai che chi guadagna davvero nella vita, nel bene e nel male, a prescindere dall'andamento dell'economia, sono gli avvocati. E che cosa sono gli avvocati se non grandi venditori che convincono giudici e giuria a «comprare» la loro tesi? Era un'accoppiata perfetta. Compilai la domanda di ammissione per un dottorato in giurisprudenza e ricevetti una proposta dalle prime due università che avevo scelto: Stanford ed Emory. Se avessi scelto il prestigioso college di Stanford, forse, la mia vita sarebbe stata diversa.

La Emory, però, mi offriva una borsa di studio completa e per tutta la durata del corso, sufficiente a coprire i costi delle lezioni, dei libri e del mio mantenimento personale. Era troppo allettante per rifiutare, quindi feci le valige e mi trasferii ad Atlanta.

All'università smisi di fare esercizio fisico, e non praticai nessuno sport o altra attività, e questo segnò il mio ritorno a Cicciolandia. Mi gonfiai come un pallone, anche grazie alle grandi quantità di barbecue, pollo fritto e focaccine con la besciamella tipiche di Atlanta. Quando arrivai agli esami per l'abilitazione all'esercizio della professione di avvocato, non ero solo in carne: ero ormai avviato sulla strada per l'obesità.

Ottenni un ambito posto come avvocato alla prima esperienza nella filiale locale di uno dei principali studi legali del mondo, ma riscoprii quanto odiassi rispondere a dei superiori. Odiavo la cosiddetta microgestione, detestavo dover dimostrare sempre quanto valevo, anche se lavoravo ogni giorno dodici ore e passa per fare carriera all'interno della ditta. Non avevo più vent'anni, non me la sentivo di sudare come un matto per nove o dieci anni nella speranza di diventare socio, quindi decisi di mettermi in proprio. Aprii il mio studio e mi costruii una clientela specializzandomi nella difesa degli spacciatori di stupefacenti. I clienti non mancavano e conoscevo benissimo l'ambiente, per via dei miei trascorsi adolescenziali.

Distribuii i miei biglietti da visita nelle cabine telefoniche dei quartieri più malfamati della città e mi accertai che i miei clienti scrivessero il mio numero vicino al telefono del carcere, prima di venire rilasciati grazie a me. In poco tempo divenni il legale di riferimento dei più importanti spacciatori di Atlanta. Guadagnavo un sacco e giravo con una grande Chevrolet decapottabile viola, con i cerchi in lega, per non passare mai inosservato. Prima di far visita ai miei clienti in prigione passavo dal *drive-through* per prelevare un secchio maxi di pollo fritto da sgranocchiare durante i ricevimenti.

L'unico problema era che iniziavo a stare male fisicamente. Presto superai i cento chili, le ginocchia dolevano così tanto che in tribunale ero costretto a sedermi anche quando il cerimoniale prevedeva che stessi in piedi. Avevo i soldi, però, e l'assicurazione sanitaria, per cui mi rivolsi al mio medico in cerca di aiuto. Dapprima mi ordinò di mettermi a dieta e di fare esercizio fisico, poi però mi prescrisse una serie di medicine. Iniziai con l'Adderall, ma i risultati erano minimi. Volevo assolutamente perdere peso e smettere di deprimermi per cui tornai dal medico per chiedere una cura più forte. Mi prescrisse il Ritalin, poi il Dexedrin quindi il Desoxyn, che è la versione legale della metanfetamina. Ma non bastava per dimagrire. I miei clienti erano spacciatori: il seguito ve lo lascio immaginare. La metanfetamina che mi procuravo tramite loro funzionava esattamente come la versione legale, ma la fornitura era illimitata e il dosaggio era a piacere; inoltre mi piaceva la sensazione di euforia che mi dava, problemi e dolori sembravano distanti mille miglia. Dimagrire divenne un obiettivo secondario: oramai volevo solo sballarmi.

Difendendo gli spacciatori scoprii che la squadra antidroga e i magistrati gestivano una sorta di racket. Costruivano i loro casi alle spalle degli spacciatori, spingendoli

L'immagine del «prima»: Eric nel 2010, quando pesava centocinquanta chili. È stata scattata il giorno precedente al volo aereo che cambiò tutto.

L'immagine del «dopo»: Eric nel 2011, felice e sicuro di sé in palestra.

Peety orgoglioso e contento al Penitencia Creek Park, dopo che si è appena scrollato via l'acqua dello stagno delle anatre.

Peety in posa a fianco delle sedie che Eric ha rifoderato con un tessuto simile alla sua pelliccia, nel loro appartamento di San Jose, in California.

Eric e Peety a Los Gatos, in California, nel 2012, all'annuale evento natalizio della Humane Society Silicon Valley per gli animali adottati.

Eric e Peety stretti in un abbraccio durante una delle cene di beneficienza organizzate da Eric nel 2012 (foto di Michelle Taylor Cehn).

Peety nel 2013 con il suo cartello di avvertimento che recita: «Bevo dal water e poi lecco le persone in faccia».

Eric e Jake corrono per il traguardo a Spokane, nello Stato di Washington, nel 2016 (foto di Vanessa Mathisen).

Eric e Jake in posa per la copertina di una rivista nel 2016 (foto di Vanessa Mathisen).

Eric e Jake al galà di beneficienza Tuxes and Tails («smoking e code») organizzato dalla Seattle Humane a Bellevue, nello Stato di Washington, nel 2016, dove hanno sfilato in passerella.

Le nozze di Eric e Jaye nel 2017 alla chiesa di St. Mary di Spokane Valley, nello Stato di Washington (foto di Vanessa Mathisen).

a denunciarsi a vicenda. Gli agenti andavano dal magistrato con qualche informazione e ottenevano facilmente un mandato di perquisizione. E se non volevano perdere tempo con un mandato legale, si inventavano una scusa qualsiasi per fermare e perquisire chi volevano. Era un brutto business perpetuato da un sistema corrotto, e io lo detestavo. Strafatto com'ero, organizzavo seminari per spacciatori, dove insegnavo loro a non parlare mai con gli sbirri; spiegavo quali erano i loro diritti e distribuivo i miei biglietti da visita: se venivano fermati dovevano consegnarne uno all'agente e appellarsi subito al diritto di restare in silenzio e di chiamare un avvocato. Avevo deciso di fregare il sistema, e di restituire un poco di potere agli ultimi, almeno per una volta. Non serve aggiungere che mi inimicai le forze dell'ordine e che ben presto divenni un bersaglio. Un giorno corruppero una mia cliente offrendole un patteggiamento e lei mi denunciò.

Uscendo dal tribunale trovai la mia decapottabile viola circondata dagli agenti. Capii immediatamente che era finita. Avevo in tasca una piccola quantità di anfetamina, che scoprirono mentre mi tastavano in cerca di armi. Scesi a un compromesso che mi avrebbe evitato la galera e permesso di mantenere una certa integrità. Restituii l'abilitazione all'esercizio della professione e accettai un patteggiamento speciale previsto dall'ordinamento della Georgia per gli incensurati in base al quale, dopo un periodo di libertà condizionata, avrei riottenuto tutti i miei diritti e avrei potuto legalmente affermare di non esser mai stato condannato per quel reato. Avrei potuto restare ad Atlanta e poi richiedere l'abilitazione, ma non volevo.

Vendetti tutto quel che possedevo, inclusa la Chevrolet, montai su un pullman per San Francisco e tornai a casa per ricominciare tutto da capo.

Trascorsi l'anno successivo a lamentarmi della mia situazione e senza lavorare. Spedii oltre cinquecento curricula senza ricevere risposta. Nessuno avrebbe mai assunto un avvocato radiato dall'albo e in libertà condizionata, ed era troppo difficile spiegare l'accaduto, per cui avevo eliminato i cinque anni precedenti dal mio CV. Vissi con i pochi risparmi che avevo messo da parte finché non finirono anche quelli. Fu uno choc ritrovarsi al verde dopo anni di abbondanza. Quando non potevo più comprarmi da mangiare e stavo per essere sfrattato dall'alberghetto in cui alloggiavo, ripiegai sull'unico settore che conoscevo: le vendite. Non potevo cominciare dalla cima, per cui tirai una moneta per scegliere fra due grandi catene di prodotti per la casa: Home Depot e Fry's Electronics. Vinse quest'ultima. Ci andai a testa bassa e in due mesi passai da commesso a responsabile di reparto, quindi a compratore per trentaquattro punti vendita. Dopo due anni ottenni un posto come rappresentante di un'importante azienda produttrice di elettrodomestici.

Non potevo più procurarmi le medicine per dimagrire con facilità, e comunque ero stanco di dipendere dalle sostanze, per cui ingrassai di nuovo, due volte più in fretta di quando abitavo in Georgia. Passati i quarant'anni il mio metabolismo toccò il fondo; è lì che persi la possibilità di comprare vestiti da Nordstrom. Superai quota centoquaranta chili. Camminare mi faceva male, prendere un aereo mi faceva male, anche stare steso a letto mi faceva male.

Traslocai nella mia scatoletta bianca nel condominio di East San Jose, e chiusi la porta.

Come ho detto, era passato parecchio tempo da quando mi ero goduto qualcosa di simile a ciò che le persone chiamano «normalità».

12

Il ponte

DOPO sei mesi di scoperte, caddi nella ripetitività. Cucinavo sempre gli stessi piatti, solo perché erano i più semplici da preparare. Soprattutto la pasta, anche se usavo quella di riso e non quella di grano. La mia marca preferita (la Tinkyada) aveva lo stesso sapore della pasta tradizionale, ma senza il glutine e con tutti i nutrienti del riso integrale. Mi preparavo il sugo da solo, per essere sicuro degli ingredienti; compravo i pomodori quando erano in stagione, o i pelati in vasetto, per evitare il bisfenolo delle scatole. Più cose leggevo sul sistema alimentare, più cresceva in me la repulsione nei confronti dei cibi confezionati. È incredibile quanti alimenti contengano sostanze chimiche e ingredienti di sospetta cancerogenicità. Perché mai mangiare roba del genere, anche in quantità minime, se poi si fanno tanti sforzi per restare in salute?

I miei sughi erano squisiti e li variavo spesso, ma iniziavano comunque a stufarmi. L'altra difficoltà era incorporare alcune verdure nei miei piatti. Da bambino non le mangiavamo quasi mai, e quando lo facevamo di solito erano in scatola: spappolate, con un retrogusto metallico e una scadenza di anni. Il ricordo di quei sapori era difficile da sradicare. Inoltre spesso ci venivano servite per punizione. Per questo certe verdure non le sopportavo affatto, e se le annusavo o provavo a ingerirle mi veniva da vomitare. I cavoletti di Bruxelles erano i peggiori, e ancora oggi non riesco a mangiarli. I carciofi non mi sono mai piaciuti, e non sono mai stato un grande amante dei cavolfiori. Le melanzane non le capivo: erano viscide, a chi mai potevano piacere? Queste avversioni mi impedivano anche di provare le verdure simili che scoprivo. Dovevo ricominciare da capo. Volevo imparare a cucinare qualsiasi ortaggio trovassi nella cassetta del contadino e a trasformarlo in un piatto delizioso e nutriente. Avevo raggiunto il limite delle mie abilità culinarie; per progredire dovevo studiare.

Quel venerdì decisi di portare Peety con me ad alcuni appuntamenti di lavoro. Andavo a Berkeley, la sede del famoso campus progressista, la capitale mondiale del movimento hippy e un'autentica mecca per i vegani. La mia intenzione era trovare qualcuno che mi insegnasse un paio di cose sulla cucina vegana. Lì c'erano moltissimi ristoranti e caffè che offrivano diversi piatti vegetariani e vegani, e altri che erano al cento percento vegani. Io e Peety saltammo la colazione a casa solo per provare uno di quei magnifici locali.

Prima mi fermai in uno dei negozi che servivo, ed entrai con Peety. Avevo già parlato di lui un sacco di volte per cui tutti i commessi erano felici di conoscerlo. Uscirono da dietro il bancone per accarezzarlo. Avevano appena aperto, quindi non c'erano clienti in giro. Pensavo che non avremmo infastidito nessuno, e avevo ragione.

Peety perlustrò i millequattrocento metri quadri di showroom annusando ogni angolo in cerca di tracce di altri cani, dietro frigoriferi e cucine. Alla fine aveva l'aria confusa, perché non aveva trovato nulla. Non ci sono molti posti in cui un cane non rileva segni di altri animali.

Fui contento di vedere i sorrisi sui volti dei presenti mentre Peety annusava in giro; la sua presenza aveva cambiato l'atmosfera del posto in un attimo. Per quante volte mi capiti, non mi stuferò mai di osservare gli effetti positivi che un cane può esercitare su un ambiente altrimenti sterile e freddo. Quando stavo per andarmene, però, il direttore mi chiese di raggiungerlo nel suo ufficio. Era una richiesta insolita e stranamente cupa.

«Senti, Eric, voglio solo dirti che mi spiace, e che se c'è qualcosa che possiamo fare per te, per aiutarti in qualche modo, vorremmo farlo.»

«Di che parli?» chiesi.

«Di... So che non ne parli mai, ma i ragazzi qui sì, e uno ci ha detto perché sei dimagrito così tanto. Voglio dire, ho perso mia madre per un tumore due anni fa. L'ho vista diventare pelle e ossa prima di morire. So che è difficile chiedere aiuto, ma...»

«Caro mio, non ho il tumore», dissi interrompendolo. Il poveretto sbiancò. «È quel che si dice in giro? Be', non è vero per niente.»

«Qualunque cosa sia, io...»

«Bill, sto bene. Sono più sano che mai, più di quanto sia mai stato in vita mia. Sto solo mangiando sano e facendo attività fisica.»

«Davvero?» disse, sgranando gli occhi per la sorpresa

e l'imbarazzo. «Oh... sì, questa è davvero... questa è una buona notizia.»

«Eh sì!» risi, e anche lui. «È per questo che tutti erano così silenziosi quando entravo? Pensavo che aveste ricevuto un commento negativo da parte di un altro rappresentante, o che pensaste di abbandonare il nostro marchio.»

«No, niente affatto. Mi spiace. Era solo un malinteso, credo, non so. Sai che la gente parla... È che sei così cambiato, voglio dire, non credo di aver mai visto nessuno perdere peso così in fretta, capisci? Tranne in TV, su quei programmi tipo *Sfida all'ultimo chilo*.»

«Caspita, vi sembro malato?»

«No! È questo il punto. Dicevamo proprio che sembri in forma! Ronny diceva: 'Se solo avesse perso peso per un buon motivo, sarebbe un figo!'»

Ridemmo insieme. Quel burlone di Ronny aveva colpito ancora.

«Bau!» intervenne Peety.

«Sss, sss... va bene, arrivo», dissi dandogli qualche buffetto sulla testa e grattandolo dietro le orecchie. «Be', non sto male per niente. Senti, meglio che vada a dargli la colazione. Per favore, di' agli altri che sto bene, più che bene: sto benissimo, okay?»

«Certo, Eric. Scusa per l'equivoco. Sono contentissimo che tu stia bene!»

«Sì, anch'io!»

Io e Peety raggiungemmo un locale vegetariano lì vicino. Era una bella giornata, per cui ci sedemmo fuori. Lo legai alla sedia e cercai di tenerlo buono sotto il tavolo. Non infastidiva le persone, ma abbaiava sempre agli altri cani. E infatti, nonostante mi fossi piazzato lontano dal marciapiede, abbaiò subito a un paio di cani per informarli che c'eravamo noi lì, e che lui mi proteggeva, per cui facevano meglio a girare al largo… Dovetti calmarlo un paio di volte prima ancora di ordinare.

Scegliemmo un piatto che aveva l'aspetto e il gusto delle uova strapazzate, solo che le «uova» erano in realtà tofu. Era squisito. Servii a Peety il suo piatto a terra, e lui lo divorò. Dovevo assolutamente chiedere al cuoco la ricetta. La cameriera fu gentilissima e lo chiamò fuori da noi. Mi spiegò che aveva usato solo un trito di cipolle e peperoni, curcuma per il colore, sale e pepe, un pizzico di paprica e brodo vegetale.

«Cavoli, è magnifico. Non è che per caso dai lezioni di cucina?»

«Figurati, non ho tempo.»

«Conosci qualcuno che lo fa?»

«Sì, cerca Philip Gelb. È un tipo incredibile. Tiene dei corsi e organizza cene nel suo studio, dove prepara i piatti davanti a te mentre dei musicisti suonano dal vivo. È davvero un grande.»

«Gelb. Va bene, lo cercherò. Grazie.»

In seguito io e Peety andammo da *Paco Collars,* una bottega artigianale che mi era stata raccomandata da una donna che avevo incontrato al Farm Park di San Jose. Il suo cane aveva un bellissimo collare di pelle e le avevo chiesto dove l'aveva preso. *Paco* è il posto giusto, aveva detto. Volevo buttarci un occhio, già che eravamo in città.

Paco Collars era in un piccolo edificio libero sui quattro lati, dipinto di rosa con i bordi celesti, e una grande insegna che proclamava: «Sì, un negozio che vende solo collari per cani». Dentro c'erano tre o quattro hippy intenti a fabbricare collari a mano. Facevano solo quello tutto il giorno, e davvero non vendevano nient'altro. I collari erano delle vere opere d'arte, tutti diversi uno dall'altro. Non costavano poco, ma volevo che Peety avesse il meglio. Un collare artigianale era perfettamente in sintonia con la nostra dimora ristrutturata e il nostro nuovo stile di vita. Peety uscì dal negozio con un bellissimo collare decorato con borchie scintillanti e piccoli turchesi. Gli stava davvero benissimo!

Quel giorno passammo a trovare altri clienti e riuscii anche a fare un po' di telefonate mentre Peety giocava in un piccolo spazio recintato per i cani. Era molto più tranquillo senza guinzaglio, e in quel parchetto era come se fosse in una specie di Disneyworld canina. Lì dentro, proprio come nel negozio per animali, era «fuori servizio» e pensava solo a divertirsi.

Quella sera, anziché sorbirmi il traffico del rientro solo per tornare a San Francisco il giorno successivo, decisi di passare la notte in città. Trovammo un albergo che accettava animali, ma con mia estrema sorpresa mi chiesero cinquanta dollari in più solo per Peety. «È per gli eventuali danni e le pulizie aggiuntive», spiegò il portiere. *Che razza di racket. Conosco molti esseri umani che sporcano più del mio cane.*

Quella sera cercai Philip Gelb sul portatile e lo trovai subito. Era una specie di leggenda, ma il suo sito mi lasciò un po' perplesso. Non c'era scritto che era un cuoco vegano. La sua breve biografia recitava: «Cuoco e musicista che gestisce un'attività di catering nella Bay Area. Qualsiasi cosa, da una cenetta intima per due a una festa per duecento invitati. Inoltre produciamo una serie bimestrale di cene musicali, con la mia cucina e musicisti di fama internazionale, in diversi locali di Oakland. Cucina a cinque stelle per tutti!»

C'era anche un elenco di lezioni il cui menù poteva essere vegetariano, ma non ne ero sicuro. Non volevo iscrivermi a un corso in cui si insegnava a cucinare con formaggio, latte o carne; sarebbe stato uno spreco di tempo e denaro, quindi gli mandai un'e-mail per chiedergli delucidazioni.

Il giorno successivo, io e Peety raggiungemmo San Francisco. In passato avevo lavorato in Ghirardelli Square, sul lungomare, per cui conoscevo bene la zona e sapevo che era un bel posto per fare una passeggiata. Volevo mostrargli i leoni marini e fargli sperimentare gli odori e le attrattive del litorale. Tuttavia avevamo anche una missione: speravo che vi fosse ancora il mercato vicino al Golden Gate. Quand'ero ragazzino lì si radunavano gli artisti che vendevano le loro opere ai turisti. Speravo di trovare un quadro dal prezzo abbordabile e in uno stile adatto alla nostra dimora rinnovata.

Peety era al settimo cielo. Ogni centimetro di quella passeggiata era pieno di odori deliziosi, che lo facevano andare avanti e indietro, a destra e a sinistra. Mi tirava come un bimbo in un negozio di caramelle. «Peety, Peety», dissi accovacciandomi e comandandogli di sedere quando raggiungemmo la fine del molo 39. «Ascolta, ragazzo.» Proprio in quel momento un leone marino cacciò un verso dalla sua piattaforma di legno sotto di noi. Peety inclinò la testa di lato e mi guardò con gli occhi spalancati. «È un leone marino. Vuoi vederli?»

Si alzò e mi tirò fino all'inferriata. Infilò la testa tra le sbarre e fissò i leoni ammassati al sole, e quando ne vide uno scivolare in acqua con uno spruzzo, iniziò ad abbaiare. Quelli si agitarono a loro volta e presero ad «abbaiare» a lui!

«Okay, ragazzo, andiamo, andiamo», dissi. Qualche turista ci guardò male, come se avessimo fatto qualcosa di sbagliato, come se Peety non avesse il diritto di stare lì. *Chi se ne importa se abbaia?* I leoni marini facevano un sacco di versi e nessuno obiettava. Perché il mio cane no? Per me si era trattato solo di una sana comunicazione fra rappresentanti di specie diverse. La cosa mi fece ridere. Da piccolo non avrei mai immaginato che un giorno sarei ritornato lì in compagnia di un cane.

Proseguimmo verso ovest e trovammo i banchetti degli artisti. Guardammo diverse opere finché non ci imbattemmo in un quadro stupendo, con colori che si abbinavano perfettamente al nostro tema spagnolo. Dopo qualche contrattazione, comprai la mia prima opera d'arte (a parte il collare artigianale). Fu l'inizio di due anni di acquisti per mettere i tocchi finali alla nostra dimora trasformata.

Lasciammo il quadro in macchina e andammo in un giardino pubblico ad ammirare il Golden Gate. «Sai che ti dico, Peety? Non l'ho mai attraversato a piedi. In tutti gli anni che ho passato qui, da piccolo e anche quando sono tornato, non l'ho mai fatto. E non sono mai stato nemmeno ad Alcatraz. Forse dovremmo andarci, io e te? Che ne dici? Vuoi farci un giro domani?»

Peety, sentendo la parola «giro», iniziò a correre in tondo tutto eccitato.

«Non adesso, ragazzo! Abbiamo fatto abbastanza per oggi. Andiamo domani? Ci fermiamo qui per la notte. Facciamo i turisti insieme!»

Trovare un albergo che accettava animali nella turistica San Francisco non fu facile come a Berkeley. Le grandi catene avevano regole severissime e quello che infine trovammo mi chiese cento dollari extra per il cane, oltre al prezzo – già eccessivo – della camera.

«Chiedete altrettanto a chi ha bambini?» chiesi sarcastico. Il portiere non lo trovò divertente.

Era illogico: Peety era il mio amico, il mio compagno, mio figlio. Lo chiamavo «figliolo» da mesi senza nemmeno pensarci. Ma era più di tutto ciò: era il mio portale per il mondo; avevo bisogno di lui. Mi chiesi se quegli stessi alberghi avrebbero chiesto altrettanto o rifiutato l'accesso a un cane per non vedenti o per disabili. Quella sera stessa andai su Internet e mi lessi la legge in materia, l'*Americans with Disabilities Act*. Appresi che i cani da assistenza non possono essere esclusi da alberghi, ristoranti, luoghi di lavoro, luoghi pubblici o altrove. Nessuno può rifiutarsi di affittare o vendere un appartamento a persone che necessitano di essere assistite da un animale addestrato. Continuai le ricerche e scoprii che esistono cani da assistenza di vario tipo, da quelli che aiutano i reduci ad affrontare i sintomi del disturbo post-traumatico da stress, a quelli utilizzati per le terapie con i bambini autistici, fino a quelli che prevedono gli attacchi epilettici e i sintomi del diabete. Fu un'autentica rivelazione scoprire quanta importanza abbiano i cani per

moltissime persone. Di certo Peety aveva un ruolo importantissimo nella mia vita. *Chissà se posso chiedere che venga
riconosciuto come cane da assistenza, e portarmelo ovunque?*

La mattina successiva ci incamminammo sul Golden
Gate. Passo dopo passo attraversammo una delle più grandi
strutture mai costruite dall'uomo. Ci prendemmo il nostro
tempo, fermandoci a guardare l'acqua, e una grossa nave
da carico che passava sotto di noi. Peety seguì la traiettoria
di ogni gabbiano che volava alto su di noi. Ci fermammo e
condividemmo un po' di frutta all'altro capo del ponte, poi
tornammo indietro. Fu un'esperienza fantastica. Eravamo
stanchi ma non ne avevamo ancora avuto abbastanza. Decisi
quindi di continuare a fare il turista, e prendere il battello
per Alcatraz. Arrivammo al botteghino ma l'addetto disse
che i cani non potevano salire a bordo.

«È bravissimo, lo porto ovunque», obiettai.

Purtroppo fu irremovibile, per cui andammo in cerca
di un posto dove pranzare. Lì vicino c'era un ristorante
messicano della catena Chipotle, e sapevo che avevano
opzioni vegane e di solito tavolini esterni.

«Mi spiace ragazzo», dissi a Peety. «Sai che ti dico? Farò
tutto il possibile per portarti dappertutto. Torneremo e
visiteremo Alcatraz un'altra volta, okay?»

Mi fermai a guardare il ponte che avevamo appena attraversato insieme. Ripensai a quanto una volta mi sembrasse
lungo il tragitto dalla porta del mio condominio fino alla
fine dell'isolato. Non riuscivo a credere a quanto fossero
cambiate le nostre vite, per giunta in pochissimo tempo.

Peety mi guardò, con il suo collare nuovo di zecca, ed ebbi la sensazione che fosse solo l'inizio. *Se abbiamo fatto tutto questo, se abbiamo attraversato a piedi quel ponte lunghissimo, cos'altro possiamo fare insieme?*

13

Cuciniamo

UNA volta tornato a casa, trovai su Internet una ricetta per un curry al cocco con patate dolci, curcuma, cannella, sciroppo d'acero e pezzettoni di tofu al forno. Mentre la padella si scaldava rilasciando quei magnifici aromi, Peety entrò in cucina con le narici spalancate.

«Ti piace il profumino?»

Iniziò ad ansimare e scodinzolare dall'eccitazione.

«Anche a me!»

Assaggiai ed era davvero fantastico. «Aspetta di provarlo...»

Ero abituato a fargli sempre assaggiare un boccone di quello che cucinavo per me, e quella sera volle assolutamente il bis. Forse si era annoiato di riso, fagioli e crocchette vegane, così come io mi ero stufato dei prodotti del mio limitato repertorio culinario. Chissà quali altre cose avrei potuto inventarmi per noi due...

«Devo trovare un corso di cucina.»

Il giorno successivo, lo chef Philip (come preferisce essere chiamato) rispose alla mia e-mail. Spiegava che l'unico motivo per cui non usava il termine «vegano» sul sito era per non scoraggiare gli interessati. Lui cucinava «cibo», disse. Certo, era di origine vegetale, fresco e biologico, senza carne o latticini, ma era comunque «solo cibo». Aggiunse che molti erano andati da lui senza sapere che avrebbero mangiato vegano, ma mai nessuno si era lamento di quel che aveva servito. «La buona cucina è buona e basta», concludeva.

Che bell'atteggiamento! Già lo ammiravo. Tornai sul sito e mi iscrissi alla prima lezione libera. Cosa avremmo cucinato? La *paella*, il piatto spagnolo che nella versione tradizionale contiene pesce e carni di vario tipo, inclusa quella di coniglio. Non avevo idea di come l'avrebbe fatta senza usare prodotti di origine animale, ma non vedevo l'ora di scoprirlo.

Avevo fatto il primo passo per superare l'ostacolo della ripetitività in cucina e dopo essermi iscritto mi sentivo già meglio. Passo numero due? Presi appuntamento con un dermatologo per risolvere il problema della psoriasi, che peggiorava di giorno in giorno.

Passo numero tre? Chiamai una psicoterapeuta. La differenza che c'era tra quando affrontavo il mondo con Peety e quando lo facevo da solo era più che preoccupante: era spaventosa. Non sapevo se fosse depressione, ansia, una combinazione di entrambe o qualcos'altro ancora, ma mi sentivo malissimo se non avevo Peety al mio fianco. Non era poi tanto diverso da come mi sentivo abitualmente prima di adottarlo: ero lunatico, a tratti irritabile, quasi sempre silenzioso, invisibile. La differenza era che avevo scoperto un altro modo di vivere. Avevo assaporato la felicità, la gioia e il senso di connessione; mi ero legato a un altro essere vivente e volevo vivere quell'esperienza anche quando Peety non era con me.

Potevo solo immaginare come sarebbe stato legarsi a una persona con lo stesso amore e lo stesso affetto che provavo per il mio cane. Non mi era mai successo prima, mai. E volevo parlare con un professionista per scoprire se, inconsciamente, stessi facendo qualcosa per impedire a me stesso di raggiungere questa possibilità.

Riuscii a vedere il dermatologo quella settimana stessa. Esaminò le parti affette sul petto e sulla schiena e disse che erano uno stadio avanzato della malattia, ma che aveva visto di peggio e che esisteva una cura farmacologica.

«C'è un altro punto», dissi.

Mi alzai in piedi e abbassai i pantaloni e le mutande quel tanto che bastava perché mi desse un'occhiata fra le gambe: «Deve aiutarmi».

«Possiamo provare con i farmaci. Esistono diversi prodotti sul mercato che risultano estremamente efficaci in alcuni casi. Bisogna procedere per tentativi fino a trovare il farmaco che fa al caso suo».

«È questo il problema», replicai. «Ho passato gli ultimi sei mesi a liberarmi di tutte le medicine che prendevo. Ha visto che ho perso oltre cinquantacinque chili nell'ultimo anno. Non voglio più prendere medicine, se posso farne a meno. Mi chiedevo se potesse esserci qualcosa nella mia dieta…»

«No. Non ci sono prove che la psoriasi sia causata dall'alimentazione. I farmaci funzionano.»

«Certo, ma gli effetti collaterali?»

«Possono manifestarsi, senza dubbio. Nausea, diarrea e incremento ponderale. Ma nella maggior parte dei casi non si presentano e se lo fanno sono comunque un male minore rispetto ai benefici.»

«Io non sono la maggior parte dei casi. Credo di aver sperimentato ogni singolo effetto collaterale di tutte le medicine che ho preso.»

«Be', proviamo e, se non funziona, proveremo qualcos'altro.»

La visita durò meno di dieci minuti. Mi scrisse una ricetta per un farmaco che avevo visto pubblicizzare in televisione. Andai in farmacia e lo comprai. Ma non potevo prenderlo, non potevo introdurlo nel mio organismo. Mi sentivo finalmente pulito, l'ultima cosa che volevo era invertire i progressi che avevo fatto. Anche il minimo rischio di patire uno di quegli effetti collaterali mi sembrava eccessivo.

E così mi tenni la psoriasi. Mi sentivo impotente e la settimana successiva ne parlai alla psicoterapeuta. Le dissi tutto, mi aprii completamente. Il primo appuntamento doveva durare quaranta minuti e invece arrivammo all'ora, e avrei proseguito ancora se non ci fosse stato un altro paziente in sala d'attesa. La dottoressa concordò che avevo bisogno di aiuto e che il più grande supporto che avevo in quel momento era Peety. Quindi le chiesi se potessi passarlo come cane da assistenza, e per la mia felicità mi spiegò esattamente che cosa fare.

«Serve una diagnosi per una disabilità specifica, e il cane dovrà seguire un addestramento adeguato. Non è una decisione di poco conto, né una cosa facile da ottenere, ma sarò felice di valutare la possibilità, se si rendesse necessario.»

«Fantastico! Farebbe una grossa differenza, per me. Lo so.»

Mi consegnò un opuscolo che spiegava l'iter da seguire. Le linee guida chiedevano che Peety obbedisse a una serie di semplici comandi (lo faceva già), che fosse curato e pulito a sufficienza per frequentare spazi pubblici (non era certo un problema, grazie ai miei toelettatori cinesi) e che fosse addestrato a eseguire un servizio specifico alla mia patologia. Quest'ultima parte era un grosso intoppo: che assistenza specifica mi forniva? Non avevo una patologia diagnosticata, tranne l'obesità, e già sapevo che non era considerata una disabilità in termini di legge. L'idea di portare Peety con me ovunque era confortante, ma quel giorno uscii dallo studio della psicoterapeuta pensando che sarebbe rimasto solo un sogno.

Con estrema sorpresa scoprii che lo studio dello chef Philip sorgeva in un quartiere degradato della città. Era ricavato all'interno di un'ex fabbrica in mattoni, convertita in spazi per artisti e musicisti vari. Ero preoccupato di lasciare l'auto in strada e mi chiesi se non avessi sbagliato ad andare lì. Una volta entrato, però, ogni apprensione svanì. Erano già arrivate altre tre persone per la lezione; mancavo solo io. Mi salutarono calorosamente, con un sorriso e un bicchiere di vino. Lo chef aveva i capelli castano chiaro raccolti in un codino. L'arredo della sua cucina non era affatto ricercato o pretenzioso: un piano cottura elettrico, un paio di tavoli in acciaio e una batteria di pentole e padelle con molti segni di usura. Lo spazio era pulito ma male organizzato: sembrava il laboratorio di uno scienziato pazzo. Il frigorifero era semplice e ricoperto di calamite e adesivi; c'erano due pentole elettriche, una per il riso e una per la cottura lenta, appoggiate su un ripiano di fortuna, a fianco di un leggio con qualche spartito musicale; il tavolo da pranzo era di legno scuro.

In un angolo c'era una magnifica gelatiera, di acciaio inossidabile e fabbricazione italiana, che era capace, disse lo chef, di congelare un «gelato» di anacardi in metà tempo rispetto ad altre marche; forse l'avremmo provata a fine serata. Poi c'era un frullatore professionale che non avevo mai visto, di quelli che si potrebbero trovare in una frulleria di alta qualità, con la base nera e un bicchiere di plastica alto e squadrato; anche quello mostrava i segni del tempo.

Mentre uno dei presenti mi porgeva un bicchiere di vino (osservando che era vegano), colsi l'odore delle erbe aromatiche fresche al centro del piano di lavoro.

Lo chef Philip ci consegnò una fotocopia della ricetta scritta a mano della sua famosa *paella*, con ingredienti e quantità. Ci disse di prendere un coltello ciascuno e iniziare a tagliare. Mentre lavoravamo ci aiutò a migliorare la nostra tecnica con il coltello, insegnando all'unica donna del gruppo a piegare le dita sotto le nocche per non tagliarsele mentre spingeva la cipolla sotto la lama. Mi ricordò il gesto che mi avevano insegnato quando avevo incontrato Peety per la prima volta. Nel frattempo, tagliuzzai del coriandolo e del coriandolo messicano, una variante tropicale con un sapore leggermente diverso, come ci disse lo chef staccandone una foglia e portandosela prima al naso e quindi in bocca. Lo imitai. È incredibile come una piccola fogliolina possa riempirti i sensi in maniera così totalizzante.

Quando ormai eravamo tutti avviati nei nostri rispettivi compiti, divenne chiaro che eravamo lì per il medesimo

motivo: espandere la nostra conoscenza e le nostre competenze nella cucina vegana. I miei compagni di classe erano
diventati vegani per motivi diversi. Uno aveva sofferto di
allergie alimentari per tutta la vita, che erano scomparse eliminando i prodotti animali. L'unica donna del gruppo, che
non aveva nemmeno trent'anni, disse che non sopportava
l'idea di mangiare animali, perché sono esseri che provano
emozioni, nessuno escluso. Non tollerava nemmeno che
fossero sfruttati e maltrattati negli allevamenti intensivi.
«Avete mai percorso quel tratto della I-5...»

«Che puzza...» intervenne lo chef Philip. Ci fu un gemito di approvazione. Eravamo passati tutti di lì, sul tratto
di autostrada che collega San Francisco a Los Angeles, e
avevamo ben presente quel fetore.

«Sì. Mandrie enormi dirette al macello. È il più ripu-
gnante odore di morte e...»

«Merda», disse uno.

«Sì, è tremendo», concordai.

«Davvero, io non riesco più a passare di lì», proseguì la
ragazza. «Faccio deviazioni, anche di ore, solo per evitare
quel pezzo. Vedere migliaia di animali sotto il sole rovente
in attesa di essere macellati. È come passare attraverso una
Auschwitz di vacche.»

La metafora mi restò impressa, come un tempo il pollo
fritto mi restava sullo stomaco. Fino a quel momento non
avevo dato molto peso all'aspetto etico della scelta vegana,
e quella conversazione mi colpì come uno schiaffo in faccia.

«Sono creature come noi», si inserì lo chef Philip. «Per
me la svolta è arrivata durante la visita a una fattoria con
alcuni amici, dopo l'università. C'era una mucca che si è

avvicinata a una mia amica, mentre eravamo seduti vicino a uno stagno. Era venuta a cercarla e una volta che l'ha trovata, si è sdraiata con noi e le ha appoggiato il muso in grembo. Lei l'ha accarezzata e la mucca aveva un'espressione soddisfatta e pacifica, era incredibile, sembrava proprio un cane, e ho pensato: Ma come possiamo uccidere queste creature per mangiarle, quando siamo circondati da ettari ed ettari di cibo che possiamo mangiare senza uccidere nessuno?»

Il terzo allievo concordò con la ragazza e con lo chef, ma sostenne che il motivo principale per diventare vegani era quello ecologico. Non seguii la sua argomentazione, perché ero rimasto sull'immagine della vacca con il muso in grembo alla ragazza, in riva a uno stagno incantevole. Mi venne in mente Peety con il capo sulle mie gambe, mentre mi guardava pieno di adorazione, ed ebbi un fremito. Non avevo intenzione di ricominciare a mangiare carne, perché stavo benissimo da quando avevo smesso, ma l'immagine di quella vacca felice, e il ricordo del fetore sulla I-5, mi avrebbero aiutato a rigettare qualsiasi tentazione.

Quando entrammo nelle fasi più intricate della ricetta, condividemmo i racconti dei nostri disastri in cucina. Ognuno di noi, incluso lo chef, aveva cotto troppo i broccoli, la prima volta; tutti avevano bruciato il riso, o esagerato un po' con le spezie esotiche, o ne avevano mischiate troppe in un unico piatto. «A volte sale e pepe è tutto quel che serve su una verdura cotta a puntino», consigliò Gelb.

A quel punto menzionai la tecnica del soffritto senz'olio, che permette di eliminare l'olio cotto dall'alimentazione. L'avevo imparata seguendo alcuni video su YouTube. «Il motivo principale per cui si cucina con l'olio è perché non evapora in cottura», spiegai. «Ma si ottiene lo stesso effetto usando solo l'acqua. Basta aggiungerne un goccio alla volta, lasciandola sfumare subito. Appena evapora ne rimetti un po', e questo basta perché il cibo non si attacchi, proprio come con l'olio, ma senza le calorie extra.»

«L'ho provata e non fa per me», intervenne lo chef. «Soprattutto perché il mio obiettivo non è ridurre le calorie, ma ricercare sapore, consistenza e piacere. Però sono d'accordo: funziona benissimo e se vuoi abbattere l'apporto calorico è ottima.»

«È particolarmente utile quando si cucinano le patate», aggiunsi. «Mi piacciono le patate in padella, ma se le cuoci con l'olio quello si assorbe subito e allora ne aggiungi altro e altro ancora, e senza che te ne accorgi hai triplicato le calorie. Se mangi le patate senza olio ti riempiono ugualmente, e sono buone allo stesso modo, ma con molte calorie in meno.»

«Sì, ma a me piacciono croccanti, e non ci riesci senza olio», obiettò la ragazza.

«Guarda, la settimana scorsa ho provato a sfumarle con l'acqua finché erano tenere e poi le ho passate in forno e ti giuro che sono uscite croccanti fuori e morbide dentro, ed erano sane ma più buone di quelle cotte nel grasso o nell'olio.»

«Ottimo», disse lo chef. «Trovare quel che ti piace e quel che funziona per te è la chiave di tutto, in cucina. Non smettete mai di sperimentare finché non raggiungete la perfezione.»

Tutti lamentammo la mancanza di una buona alternativa vegana al formaggio. Era una cosa che mancava a tutti. Sul mercato c'erano degli ottimi «formaggi» spalmabili vegani, quasi tutti fatti di anacardi o altre noci fermentate. Ma un toast con il formaggio fuso rimaneva un sogno per i vegani. «Prima o poi qualcuno ci arriverà. Oggi ci sono un sacco di alimenti, con sapori e consistenze di ogni sorta, che un tempo erano ritenuti impossibili senza usare prodotti caseari», disse lo chef Philip. A quel punto gli venne in mente una nuova ricetta per il «gelato» di anacardi, e disse che dovevamo provarlo. Tirò fuori un sacco di anacardi e li versò nel frullatore industriale con un po' d'acqua, trasformandoli in un liquido schiumoso che somigliava alla panna densa. Aggiunse un po' di sciroppo di agave per dolcificare e qualche mirtillo, poi rovesciò il tutto nel marchingegno italiano. «Aspettate di provarlo.»

Che noci, soia, cocco e molti altri ingredienti potessero trasformarsi in «latte» era una cosa che non smetteva di meravigliarmi. Quando vidi le noci liquefarsi così in fretta pensai: Devo comprarmi un frullatore!

«Forse un giorno uno di voi inventerà la soluzione per sciogliere il formaggio vegano», aggiunse. «Le migliori innovazioni spesso nascono per caso, o per tentativi, in una cucina casalinga come questa.»

La cosa che più mi colpì di quel posto era che non c'era nessun prodotto confezionato; niente di niente. Lo chef preparava il suo tofu da sé e macinava le spezie nel mortaio. Non avevo mai capito l'importanza di quei dettagli fino a quel momento. La *paella* di quella sera superava qualsiasi cosa avessi mai assaggiato, inclusi tutti i piatti non vegani di tutti i ristoranti che avevo visitato negli anni. Il sapore, la consistenza, la ricchezza degli ingredienti freschi faceva la differenza: era come sentire il suono di uno Stradivari e quello dell'opzione «violino» su una tastiera da venti dollari; oppure un pezzo dei Beatles trasmesso su una vecchia radio e la riproduzione dei nastri originali di *Sgt. Pepper's Lonely Hearts Club Band* sul miglior impianto stereo del pianeta. Ho scelto analogie musicali perché lo chef Philip è anche un musicista. Da come parlava si capiva che ci teneva alla musica, alla qualità del suono e alla tecnica musicale, tanto quanto teneva al cibo. Ascoltarlo parlare, osservarlo mentre si muoveva nella sua cucina, lanciava spezie nel frullatore industriale, cucinava il riso al dente in una gigantesca padella da *paella*, e poi sedersi, chiudere gli occhi e assaporare la fragranza del risultato, e condividerlo con noi, fu una bellissima lezione di passione e ispirazione. Volevo mettere quel tipo di passione in tutto ciò che cucinavo. Non solo, volevo condividere la mia cucina con tutti quelli che conoscevo. Volevo diventare bravissimo, per coinvolgere gli altri e magari ispirarli a provare quello stile di vita che ormai avevo abbracciato appieno e con estrema facilità.

Nei mesi successivi partecipai a tutte le lezioni dello chef Philip. Diventammo amici e mi disse di chiamarlo o scrivergli ogni volta che avevo un dubbio; era sempre contento di parlare di cibo. Mi indicò i mercati migliori, più forniti e interessanti, che offrivano più verdure di quante avessi mai visto in vita mia. Mi raccontò alcune storie sulla morte delle vecchie fattorie, estromesse dalle aziende agroalimentari, a loro volta soppiantate dai nuovi pionieri del biologico, che hanno riportato il suolo e gli alberi al loro antico splendore, coltivando frutta e verdura nuovamente naturali, tanto che i clienti arrivano a frotte.

Dopo aver conosciuto uno come Philip Gelb, è difficile non sentire forte l'intenzione di fare tutto quel che si può per cambiare il mondo. Quella prima lezione fece sbocciare in me la passione per la cucina, che speravo non mi avrebbe abbandonato più.

14

Pietre miliari

«VOGLIO che se ne vada. Non la sopporto più, e non so che fare.»

Al mio primo appuntamento mensile con la dottoressa Preeti non parlammo più di peso: quel problema era risolto. Peety stava benissimo. Le raccontai della nostra camminata sul Golden Gate e di quanto gli piacessero i nuovi piatti vegani che gli cucinavo grazie ai miei progressi in cucina. Continuavo a perdere un paio di chili a settimana senza alcuno sforzo.

Ma la psoriasi, inclusa la chiazza sulle parti intime, era diventata insopportabile. «Non so che fare. Miglioro sotto tutti gli aspetti, mangio bene, ho quasi eliminato gli zuccheri, ho eliminato l'olio cotto, però sento che questa irritazione è causata da qualcosa che mangio, dottoressa. È peggiorata tantissimo da quando ho iniziato la mia nuova dieta. Non capisco. Tutti i problemi alla pelle di Peety, il prurito, la desquamazione, sono svaniti quando ha iniziato a mangiare vegano.»

«Va bene, quindi pensa che sia legata all'alimentazione,

glielo suggerisce l'intuito. Ha preso in considerazione i fattori ambientali, inclusi gli agenti chimici presenti nei detersivi?» chiese.

«Sì, l'ho letto da qualche parte, e uso detergenti ipoallergenici da un po', senza notare miglioramenti. Forse il lavasecco è un problema, potrei cercarne uno che usa solo prodotti naturali, ma mi spiace abbandonare quello che frequento adesso, siamo diventati amici. Inoltre, l'intimo non lo porto a lavare, e perché la psoriasi compare proprio lì?»

«In questo caso, la cosa migliore è tentare una dieta a esclusione. Mangi solo riso in bianco e frutta per qualche giorno, per vedere se i sintomi migliorano. Se sì, reintroduca un alimento alla volta, lentamente, tenendo traccia di quel che mangia. È noioso, ma è l'unico modo per sapere se la causa è nell'alimentazione.»

«Lo farò. Farò qualsiasi cosa, non ne posso più.»

Nei due giorni successivi mangiai solo riso in bianco e piselli, poi aggiunsi qualche pesca e una banana per le vitamine e continuai per qualche giorno ancora. Era dura. Avevo appena sperimentato la più grande rinascita culinaria della mia vita: avevo riprodotto la *paella* dello chef Philip, dandole addirittura un tocco personale; facevo un tofu strapazzato migliore di quello provato a Berkeley, preparavo delle patate saltate senz'olio che parevano roba dell'altro mondo! Dover accantonare tutto ciò da un giorno all'altro mi sembrava una punizione. Ma non avevo scelta: mi mancava così poco per sentirmi normale, pochissimo!

Nelle quattro settimane successive aggiunsi un alimento alla volta: patate, tofu, broccoli, carote e vari frutti. Alla terza settimana la psoriasi era quasi scomparsa. Incredibile, ormai non avevo alcun dubbio che fosse legata a un cibo ed ero determinato a scoprire il colpevole. Una sera, tanto per cambiare, andai a cena fuori, in uno dei localetti messicani che Mario mi aveva raccomandato. Ordinai dei tacos vegetariani con tortillas di mais. Il cuoco conosceva i miei gusti e sapeva di non dover usare ingredienti non previsti dalla mia dieta. La mattina successiva mi svegliai con una nuova chiazza sul gomito. Ripassai a mente gli ingredienti dei tacos: erano tutte verdure che avevo già mangiato nelle ultime tre settimane, ne ero certo; l'unica cosa che non avevo toccato era il mais. *Il mais!*

Ne avevo un pacchetto in congelatore. Lo tirai fuori, lo bollii, e ne mangiai una scodella per colazione. Poi feci dei pop-corn nel microonde e ne mangiai una ciotola intera. Verso sera, la macchia sul gomito era peggiorata e un'altra era comparsa sul petto; prudeva da morire. Da quando ero passato alla dieta vegana, il mais era diventato uno dei miei ingredienti preferiti per quando ero a corto di tempo o di idee: era un'aggiunta dolce e colorata alle verdure saltate in padella, un contorno veloce e perfetto; adoravo una pannocchia grigliata o cotta al dente e condita solo con un po' di sale. Nei ristoranti messicani, le tortillas di mais erano le piadine ideali se volevi evitare il grano.

Il mais. Lo eliminai completamente e ripresi la mia alimentazione abituale. Una settimana dopo andai dalla dottoressa per il controllo mensile ed entrai con un grande sorriso in volto: «L'ho beccato: ho trovato il colpevole».

La dottoressa Preeti non era tipo da lasciarsi andare alle emozioni, ma quella volta batté le mani faticando a reprimere un grido di gioia: «Sono contentissima!»

Saltai sulla bilancia ed ebbi un'altra bella sorpresa: ero sceso sotto la barriera dei novanta chili. Non pesavo così poco dai tempi in cui ero appena uscito dall'esercito; mancavano meno di dieci chili al mio obiettivo. «Ce la farò davvero», dissi.

«Credo proprio di sì.»

«Cioè... Non ci sono dubbi. Non ci sono motivi per cui non dovrei farcela. Il mio corpo si è preso cura di se stesso, ha fatto tutto da solo. Io gli do solo quello che desidera, e basta.»

«Certo, è quel che è successo finora, e che continuerà a succedere, ma attenzione, perché possono sorgere alcuni problemi, da ora in poi. Può essere difficile mantenere il peso forma. Molti tendono a sedersi sugli allori e, per esempio, smettono di fare esercizio o mangiano le stesse cose che avevano causato l'obesità in primo luogo», mi avvertì la dottoressa.

«Allora che posso fare? Non voglio che succeda.»

«A mio parere è importantissimo che lei trovi un'attività sociale. Sono contenta che prenda lezioni di cucina, ma penso a qualcosa di diverso, come a un gruppo podistico o una squadra ciclistica, o di atletica. Non le piacciono le palestre, se ricordo bene, ma perché non va in piscina, o qualcosa del genere? Da ora in poi il suo corpo le richiederà un'attività più rigorosa, ed è importante trovare una forma di esercizio che le piaccia, da svolgere in compagnia: così sarà più facile mantenere i risultati ottenuti.»

«Ah, sì, va bene. Okay, finora ho fatto del mio meglio per mettere in pratica tutti i suoi consigli, per cui seguirò anche questo. Non sarà facile, ma ci proverò.»

* * *

Dopo poco più di un mese salii sulla mia bilancia digitale e scoprii che ero arrivato a ottanta chili. La nuova bilancia segnava sempre lo stesso peso di quella della dottoressa Preeti. Dunque le leggi della fisica non funzionavano diversamente negli studi dei medici... In passato avevo ingannato me stesso pensando di pesare quattro o cinque chili in meno della realtà. Non avevo una bilancia digitale e forse quella vecchia era tarata male, o forse inclinavo il capo quel che bastava perché l'ago si fermasse su una lineetta diversa. La percezione del mondo è soprattutto una costruzione della mente.

«Bene, Peety, che ne pensi?»

Mi guardò dal pavimento del bagno con un'espressione che diceva: «Embè? Quand'è che usciamo da qui e andiamo a prendere un po' d'aria?»

Ogni volta che avevo raggiunto un obiettivo ponderale in passato, agli incontri di Weight Watchers o altrove, si festeggiava. Anche se in quel momento ero solo, volevo far festa, volevo premiarmi, regalarmi qualcosa, magari una cena al ristorante, ma la vita non è come un episodio di *Sfida all'ultimo chilo.* Perdere peso non è una gara, non è un traguardo da tagliare una volta sola. Raggiungere gli ottanta chili non era l'obiettivo. Sentirsi in salute, sentirsi «normale», camminare e vivere senza dolore, e stare bene: erano questi gli obiettivi. Ed erano obiettivi continui. Non mi sentivo di aver vinto, ma solo che potevo tirare un sospiro di sollievo, come se in quel momento, finalmente, potessi ricominciare a vivere.

Sapevo con tutto il cuore che non sarei mai più ingrassato in quel modo. Per cui decisi di rifarmi il guardaroba, questa volta con abiti che avrei tenuto a lungo. Negli ultimi dieci mesi avevo comprato diversi capi «di transizione», ogni sei settimane o giù di lì. Li misi tutti in un sacco e li donai in beneficienza. Poi acquistai alcune paia di pantaloni e qualche camicia con l'intenzione di tenerle per parecchi anni, e anche qualche capo sportivo, incluso un paio di scarpe da ginnastica nuove: oltre a perdere centimetri nel girovita, avevo perso una taglia e mezzo di scarpe.

L'unico sport che avevo praticato in vita mia, a parte il kickball alle elementari, era la corsa, ma solo perché mi avevano costretto sotto le armi. Non mi interessava affatto e non avevo mai corso con Peety durante le nostre uscite, tranne quando dovevamo attraversare una strada in fretta o deviare dalla traiettoria di un altro cane. Soppesando il consiglio della dottoressa, però, non mi veniva in mente altro. Non avevo una bicicletta e non volevo comprarne una; non mi interessava nuotare; odiavo la palestra. Che mi restava? «Alcuni miei pazienti hanno provato la zumba», mi aveva detto la dottoressa, «incluso uno che odiava la palestra. Quando si sono trovati nella lezione con tutti gli altri, a ballare, si sono divertiti, ci sono tornati e non hanno più smesso.»

Ero abbastanza sicuro che la zumba non facesse per me: non avevo alcun senso del ritmo, e il mio stile di ballo consisteva nel piegare ripetutamente le ginocchia; quando lo avevo fatto davanti a Peety una volta, lui aveva iniziato ad abbaiarmi. Per cui una sera, subito dopo il calar del sole ma quando c'era ancora un po' di luce in cielo, lo caricai in macchina e raggiunsi la pista di atletica della San Jose State University. Era un bell'impianto quando era stata costruito, e ci si erano allenati alcuni campioni del podismo, atleti che negli anni Sessanta avevano vinto una medaglia d'oro alle Olimpiadi. Adesso invece era abbandonata e piena di buche. L'università aveva indirizzato le risorse verso la squadra di football e il relativo stadio dedicato, e quella pista leggendaria veniva usata come parcheggio per il campo da baseball dall'altra parte della strada. Ma esisteva ancora. Parcheggiai in mezzo e abbassai i finestrini, perché Peety avesse un po' d'aria. Uscii e feci qualche allungamento. Indossavo le scarpe nuove, i pantaloncini corti e una maglietta fatta di un moderno tessuto traspirante che allontana il sudore dalla pelle. Raggiunsi l'inizio della pista e pensai: Sto facendo una pazzia. Poi feci un respiro profondo e iniziai, dapprima lentamente, solo per vedere come mi sentivo. Peety mi seguiva passando da un lato all'altro dell'auto mentre gli giravo intorno. Sicuramente pensava che ero pazzo: *Che diavolo sta facendo papà?!*

La pista era lunga quattrocento metri e completai il primo giro abbastanza in fretta; le gambe andavano bene, le ginocchia anche, le nuove scarpe erano magnifiche. Il respiro non era troppo affannoso, per cui decisi di accelerare un po' e, una volta trovata l'andatura giusta, mi sembrava che il corpo si muovesse da solo. Le gambe andavano dritte, senza ondeggiare, e i piedi non impattavano con durezza, anzi mi sembrava di rimbalzare ogni volta che toccavo terra, come se le mie gambe si aspettassero di sorreggere un peso maggiore di quello che avevo in realtà. Il respiro era più pesante e il cuore batteva forte, ma completai il secondo giro sentendomela di continuare.

È pazzesco: per anni avevo portato in giro quasi il doppio del mio peso forma. Le mie gambe avevano sorretto settanta chili in più del dovuto, giorno dopo giorno. Supponevo che nel tempo avessero sviluppato i muscoli necessari, e che i giri con Peety mi avessero aiutato a tonificarle, perché correre era piacevole. Detto questo, all'attacco del terzo giro avevo il fiato corto. Un lampione si accese con uno sfarfallamento e i grilli iniziarono a frinire, mentre una calda brezza californiana soffiava da occidente. Qualcosa mi diceva di continuare.

«Bau!» abbaiò Peety, che mi seguiva attentamente con la testa protesa dal finestrino. «Bau, bau!»

Aumentai il ritmo, solo per vedere se ce la facevo. Era così. Spinsi ancora di più e uscii dall'ultima curva quasi senza fiato, ma ce la feci. Completai quattro giri di pista, ovvero un intero miglio, correndo l'ultimo giro il più in fretta possibile. Rallentai il passo e portai le mani ai fianchi, poi mi fermai e mi piegai in avanti per riprendere fiato; ero madido di sudore.

«Bau, bau, bau, bau!»

«Sto bene, ragazzo mio! Sto bene, sto bene.» Lo salutai con la mano, mentre il cuore rallentava e tornava alla normalità in meno di un minuto. Tornai all'auto e presi un asciugamano mentre Peety mi leccava la faccia. Gli piaceva il sapore salato del sudore. Asciugai sudore e bave dalla fronte, lo feci uscire e lo portai a fare un giro di pista a passo lento, come defaticamento. Lui però era carico e strattonava.

«Vuoi correre con me, la prossima volta?»

Non credevo a quello che avevo appena detto: La prossima volta... Pensavo: Sì, dovrei rifarlo, scommetto che potrei fare due miglia se non spingo troppo.

La sera successiva tornai alla pista e provai a correre con Peety, ma non gli interessava: continuava a mordere il guinzaglio o a tirarmi da un lato per annusare qualcosa. Lo rinchiusi in auto, promettendogli un giretto alla fine, poi tornai alla linea di partenza. Completai otto giri di pista, ossia due miglia in totale, senza che mi venisse male alle ginocchia o ai piedi. Giurai a me stesso che sarei tornato.

Così feci, la sera successiva, e questa volta completai tre miglia. Era un risultato eccezionale, raggiunto senza alcuna preparazione: che mi fossi allenato inconsciamente mentre dimagrivo?

Portai Peety a fare un giro d'onore intorno alla pista, camminando. Lui si fermò ad annusare ogni tombino e fessura, con uno sguardo di approvazione. Camminava orgoglioso, riflettendo così il sentimento del padrone per il risultato raggiunto. Era come se il mio corpo si fosse riscaldato durante ogni miglio percorso, e si fosse preparato a correre un po' di più la volta successiva. Mi sentivo di poter fare qualsiasi cosa.

Non ci volle altro: dopo tre sole uscite in pista, decisi che la corsa era l'attività che cercavo. Il giorno seguente acquistai anche un nuovo paio di scarpe. Mancava solo la componente sociale, quindi andai su Internet e trovai diversi gruppi podistici nella mia zona. Alcuni erano per atleti seri, tipi da maratona e triathlon: non facevano per me. Altri invece erano dedicati a runner amatoriali, principianti, persone che volevano tornare in forma; mi concentrai su questi ultimi. Uno di loro era diretto da una bella brunetta di nome Sarah. Sembrava una leader molto attiva, che teneva il blog del gruppo presentandolo come un'associazione aperta e rilassata. Mentre scorrevo gli eventi, ritornavo sull'immagine del profilo e pensavo: Wow, che bella donna. Perché non scegliere questo gruppo? Le mandai una e-mail, e ricevetti una risposta la sera stessa: «Certo! Vieni con noi questa domenica, ci piacerebbe tantissimo. E fai il passaparola: siamo sempre alla ricerca di nuovi membri. Porta i tuoi amici!»

È brutto leggere la parola «amici» e rendersi conto di non averne nessuno. Avevo clienti e conoscenti di lavoro nei negozi che servivo, ma non frequentavo nessuno nel tempo libero. Conoscevo Mario il barbiere, i toelettatori e il padrone del lavasecco; e Sally, la mia donna delle pulizie, che mi rendeva un servizio eccellente. Ero in sintonia con la dottoressa Preeti, e la vecchietta sul gradino dietro l'angolo, che a volte salutavo. Avevo Peety, e basta. Speravo davvero in un cambiamento.

15

Il sorriso di Sarah

Un mese dopo contai gli anni mentre mi specchiavo per decidere quale camicia abbinare ai nuovi jeans. *Com'è possibile che siano passati quindici anni dall'ultima volta?*

Non ero nemmeno sicuro di poterlo definire un «appuntamento»; dovevamo vederci per far giocare i cani e organizzare una cena vegana per alcuni membri del gruppo podistico che volevano cambiare alimentazione e stile di vita. Ma ci saremmo incontrati a casa sua, io e Sarah da soli. Le avevo promesso di cucinarle una deliziosa cenetta vegana, e non riuscivo a non pensare che le nostre chiacchiere post-corsa fossero un modo per flirtare. *O sbaglio?*

Non volevo «provarci» troppo, vestirmi troppo bene e darle così l'idea che per me quell'incontro fosse qualcosa in più di un'amicizia mescolata a una riunione organizzativa, mescolata alla nostra passione condivisa per i cani, ma volevo davvero fare colpo su di lei. Ogni volta che ci eravamo visti, fin dal nostro primo incontro all'imbocco del percorso ciclopedonale del Los Gatos Creek Trail, ero in maglietta e pantaloncini, e sudato. Anch'io l'avevo vista solo così, ma cercavo di immaginare che aspetto avesse in abiti normali e con i capelli sciolti, anziché raccolti in una coda di cavallo.

Ancora non capivo come avessi fatto a cambiare così in fretta. In un unico mese dopo aver raggiunto il mio peso forma, mi ero trasformato in una persona sociale. Anche Peety si era trasformato. Andavamo a giocare con i cani degli amici e, chissà come, capiva per istinto che non erano «nemici». Abbaiava sempre ai cani degli sconosciuti, ma mai a quelli degli amici, a patto di incontrarli all'esterno.

L'idea di bersi una birra o un bicchiere di vino con un amico mentre i nostri cani giocavano in giardino era assolutamente nuova per me. Era una scusa per socializzare e Peety accoglieva quegli appuntamenti con uno spirito di avventura e gentilezza. Come se noi due fossimo un paio di bruttissimi troll finalmente emersi alla luce.

Alla mia prima uscita con il gruppo podistico c'erano quattro persone: io, Vicki, Chris e la leader, Sarah. Sarah era persino più attraente di persona che in foto, e cercai di non guardare a terra in sua presenza. Mi sembrava inarrivabile e non sapevo nemmeno se fosse libera. Mi sentivo uno stupido per aver pensato che quella donna avrebbe potuto interessarsi a me. Non avevo mai corso su un percorso podistico prima di allora, e dichiarai subito che ero agitato. Gli altri furono simpatici e solidali, e promisero di andare piano. Aggiunsi che avevo iniziato a correre solo da una settimana, e raccolsi ulteriori rassicurazioni. Dopo un paio di miglia restai indietro, ma Vicki fu così gentile da rallentare e chiacchierare con me, e questo gesto mi aiutò a superare la fatica e proseguire. Le accennai dei cambiamenti che avevo fatto nell'ultimo anno, e quando raggiungemmo gli altri insistette perché raccontassi la storia completa a tutti davanti a un caffè.

Ero sorpreso che quelle tre persone in forma fossero interessate alle mie sventure e al mio lungo e tortuoso percorso di rinascita. Ascoltarono ogni parola, come se fosse la storia più avvincente che avessero mai udito. Risero quando raccontai di Peety che saltava nel laghetto, e del mio primo incontro con Mario il barbiere, o gli aneddoti sullo shopping e l'avvilente esperienza del camerino. Ripetevano cose come «Non ci credo che pesavi più di centocinquanta chili», «Non si direbbe a vederti adesso» e «Dai, non puoi avere cinquantadue anni! Dicci la verità!»

Durante quella prima conversazione, scoprii che Sarah era divorziata e single, ma l'ipotesi di invitarla fuori mi terrorizzava. Per cui non lo feci, e la coinvolsi invece in una discussione sul mio nuovo frullatore industriale, e i fantastici frullati che mi preparavo a colazione e che mi davano tutte le sostanze nutritive necessarie per sentirmi come Superman.

Quella prima corsa di gruppo divenne un appuntamento fisso settimanale, ogni volta in un posto diverso. Si aggiunsero altri corridori, mentre altri ancora organizzavano corse mattutine in settimana, e in alcuni casi mi unii a loro, dopo aver svegliato e portato fuori Peety prima del solito per la nostra passeggiata quotidiana. Lui adorava i suoi giri e non volevo certo toglierglieli: servivano a mantenere forte il legame tra di noi, anche se ero sempre più occupato.

Spesso facevamo colazione insieme dopo la corsa, e ogni volta finivo per sedermi vicino a Sarah. Dopo la terza volta non sembrò più una coincidenza. Mi piacevano la sua determinazione e il suo entusiasmo per il podismo. Tutti i membri del gruppo erano carichi di passione e gioia. Erano proprio il tipo di persone di cui avevo bisogno, e in più mi ero inserito bene. Erano molto interessati alle mie avventure alimentari e alle nuove ricette che imparavo dallo chef Philip, e ben presto mi chiesero di condividerle o insegnargliele. Erano così sbigottiti dalla mia trasformazione che quasi tutti si chiedevano se la scelta vegana, anche solo per qualche pasto a settimana, potesse beneficiarli in termini di salute e forma fisica.

«Sono sicuro che vi sentireste più giovani e più forti che mai», dissi. «Ma se volete cogliere tutti i benefici dovete fare una scelta definitiva. Non è una cosa che funziona a metà. Eliminate tutti i prodotti di origine animale, e vedete che cosa succede. Scommetto che nel giro di una settimana vi sentirete come nuovi.» Ero diventato una specie di divulgatore del credo della dottoressa Preeti. Un giorno, mentre descrivevo la mia versione della *paella* dello chef Philip in tutti i suoi succulenti particolari, Sarah disse: «Basta. Devi invitarci a cena». Tutti esclamarono: «Sì! Dai, per piacere!»

Guardai il suo adorabile sorriso e senza pensarci risposi: «Sarebbe fantastico!»

Da brava organizzatrice quale era, Sarah alzò subito la posta, proponendo di trasformare la cena in un evento di raccolta fondi. Pensava di chiedere una piccola quota ai partecipanti, da destinare a un rifugio per animali o a un altro ente simile. Anche lei amava i cani, e aveva una grande goldendoodle di nome Daisy. Decidemmo di incontrarci per pianificare meglio la cosa, ed ecco come e perché ero corso al centro commerciale più vicino per comprare un vestito adatto all'occasione.

Mi stavo preparando in tutta fretta, perché volevo passare dal mercato dei contadini prima di raggiungere casa sua. Peety era steso sul letto al mio fianco e mi guardava con interesse, mentre mi toglievo la camicia blu e provavo una maglietta con il collo a V che non ero sicuro mi andasse bene: era una M e non avevo indossato nulla di così piccolo da chissà quanto. Era un po' stretta sul petto e anche di maniche, e il tessuto elastico mi dava una sensazione strana, ma mi stava meglio delle camice larghe che avevo provato prima. Mi guardai allo specchio sorpreso: avevo pensato che fosse troppo piccola per me e invece no, anzi mi evidenziava i muscoli. Avevo sviluppato un bel fisico sotto tutto quel grasso, forse perché portavo in giro un sacco di peso ogni giorno. Da quando avevo iniziato a correre e avevo bruciato l'ultimo strato di grasso, i muscoli erano evidenti e ben definiti. «Guarda un po', Peety, che ne pensi?»

Drizzò le orecchie e inclinò la testa.

«Posso farcela?»

Abbaiò per l'eccitazione e mi sorrise. Lo presi come un sì.

«Va bene ragazzo, andiamo!» Saltò giù dal letto girando in circolo come un cucciolo. Evidentemente sapeva che per me era una sera speciale.

Suonai il campanello di Sarah con le braccia piene di buste della spesa, e il cuore prese a battermi forte come quello di un ragazzino. Peety sentì abbaiare da dentro e mi guardò, chiedendosi cosa ci fosse dietro quella porta. Infine si aprì ed ecco Sarah: capelli scuri che le sfioravano le spalle, inquadrando un volto meraviglioso, fresco e bellissimo con solo un filo di trucco. Era stupenda. Indossava una graziosa camicetta su un paio di jeans, più o meno come me, ed era chiaro che anche lei aveva pensato a come vestirsi. Il mio intuito era corretto: non ci eravamo incontrati solo per pianificare un evento, e forse c'era qualcosa in più di una semplice amicizia.

«Ciao!» disse prima a Peety, inginocchiandosi per dargli una grattatina dietro le orecchie. «E ciao anche a te», disse alzandosi e prendendo una busta della spesa dalle mie mani. La sua Daisy saltellava impaziente dietro di lei e Peety stava praticamente ballando sulle zampe dalla voglia di entrare. «Vai, ragazzo», dissi mollando il guinzaglio.

«Ciao», dissi a Sarah.

«Entra», rispose guidandoci verso la cucina. Peety e Daisy erano così agitati che continuavano a sbattere addosso ai mobili e contro le nostre gambe.

«Ciao, Daisy», dissi, posando la spesa. Provai ad accarezzarla ma era troppo eccitata dalla presenza di Peety per prestarmi attenzione.

«Forse è meglio farli andare nel giardino sul retro a bruciare un po' di energie», disse Sarah ridendo.

«È una buona idea.»

Mi piaceva quell'atteggiamento rilassato di fronte all'iperattività dei nostri cani.

«C'è qualcosa che va in frigo?» mi chiese.

«No, no, arriva tutto dal mercato dei contadini. Puoi lasciarlo sul tavolo.»

«Posso offrirti qualcosa da bere?» chiese mentre apriva la porta sul retro.

«Sì, certo, un po' di chardonnay se ce l'hai.»

«Lo chardonnay è il mio preferito!» disse mentre mi affrettavo al suo fianco per seguire i cani, nel momento in cui lei rientrava in cucina. Peety e Daisy si inseguivano a vicenda. Era un giardino abbastanza grande per San Jose, con un imponente graticcio di angurie lungo un lato della recinzione. «Ti piacciono le angurie», dissi rivolto verso la porta.

«Mia figlia e le sue amiche hanno buttato lì i semi ed è nato tutto quel che vedi. Bello, vero?»

«Stupendo!»

Peety tirò fuori il border collie che c'era in lui tentando di bloccare Daisy, ma lei continuava a sfuggirgli, provocandolo, quasi deridendolo, mentre scappava guardandosi indietro ripetutamente. Era davvero uno spasso.

«Wow. Vanno molto d'accordo», disse Sarah porgendomi un bicchiere.

«Sì, direi di proprio di sì», risposi.

«Cin cin», disse, sorridendo e inclinando il bicchiere verso il mio. La guardai negli occhi e restituii il sorriso mentre i bicchieri si toccavano tintinnando. La serata cominciava meglio del previsto. Era strano sentirsi sicuro di sé, entrare in quella casa a testa alta: erano emozioni che mi andavano ancora larghe, come le camicie del passato, ma volevo adattarle e portarle bene, e Sarah mi rendeva il compito facile.

«Sai, prima di uscire di casa stavo pensando al fatto che sono quindici anni che non ho un appuntamento», dissi mentre rientravamo per cucinare.

«Oh sì, so come ci si sente», disse Sarah.

Sapeva cosa significa trovarsi single dopo una lunga

relazione, ma anche cosa mi avesse tenuto lontano dalle donne per così tanto tempo. Ero uno sciocco: di colpo mi sentii grasso come prima e provai una stretta allo stomaco. Iniziai a tirar fuori le verdure sperando che cambiasse argomento.

«Allora, è un appuntamento?» disse estraendo un pomodoro rossissimo dal sacchetto. Devo esser diventato dello stesso colore, perché era molto divertita.

«Mm...» Non riuscivo a formulare le parole.

«Perché anch'io speravo di sì», disse.

«Oh, grazie a Dio!» esclamai sospirando, e ridemmo entrambi.

Sarah rovesciò la busta con cura e allargò i pomodori sul piano di lavoro. Ci guardammo in silenzio per un attimo e mi sentii sciogliere in una nuova emozione, che non riconobbi. Poco per volta, però, mentre lei lavava i pomodori e me li passava, uno a uno, iniziai a capire: ci stavamo legando. E mi piaceva.

Ogni volta che sorrideva mi sembrava di sognare. *Sta davvero accadendo?*

Dopo cena eravamo seduti stretti sul divano, a guardare un film insieme. Pochi minuti dopo si girò e appoggiò le gambe sulle mie. Feci scorrere le dita, dolcemente, lungo i suoi jeans. «Mm...» mormorò. Mi toccò il braccio e le posai una mano sul bacino. Nessuno dei due guardava più lo schermo. Ero ancora timido, tenevo lo sguardo basso. Lei allungò la mano e mi sollevò il mento, guardandomi negli occhi. Sorrisi, poi risi nervosamente. Era bellissima. Si morse le labbra sorridendo e mi guardò la bocca, e non mi trattenni. Mi sporsi in avanti, stringendola dolcemente in vita, e la baciai. Sentii le sue labbra calde, soffici. Mi posò una mano sulla nuca e mi avvicinò ancora. Il corpo era percorso da sensazioni ormai dimenticate. Mi baciò con più passione e il mio corpo intero si risvegliò. Lasciai scivolare una mano sulla sua coscia e misi le gambe sul divano. Lei si spostò per farmi spazio, intrecciando le gambe con le mie, mentre la baciavo sul collo.

«Oddio» sussurrò. Sentivo le sue anche pressare contro le mie, e le baciai il collo con abbandono, stringendo il suo corpicino al mio.

«Sei bellissima», mormoravo tra i baci. «Non riesco a crederci, non riesco…»

«Sss, ti voglio.»

«Anch'io ti voglio.»

Mi baciò con passione e schiacciò ogni centimetro del suo corpo contro il mio, mentre mi scorreva la mano lungo la schiena e sull'anca, infine stringendomi la coscia.

«Che dici di continuare in camera da letto?» sussurrò.

Tirai indietro la testa quel che bastava per guardarla in viso. I capelli le caddero sul volto mentre intrecciava le dita nelle mie; era la donna più sexy che avessi mai visto. La guardai negli occhi e le ultime gocce di dubbio e insicurezza che ancora avevo evaporarono.

Sfilai le gambe, mi misi a sedere e la baciai tenendola per mano. Mi alzai, mentre lei restava sdraiata, sempre mano nella mano, sempre guardandomi con occhi carichi di desiderio e passione. Ogni cellula del mio corpo era viva e vigorosa, fino alla punta dei piedi: ero pronto. Ero quindici anni di prontezza repressa, compressa e trattenuta!

Le infilai il braccio sinistro sotto le spalle e il destro sotto le ginocchia e la tirai su. Mi mise le mani al collo e mi baciò di nuovo mentre la tenevo sospesa e varcavo i confini soffusi e profumati della sua camera da letto.

Non esiste metro abbastanza lungo per misurare il sorriso che avevo sul volto la mattina successiva, quando mi svegliai sotto le coperte del letto di Sarah. Quella donna mi aveva regalato la miglior notte della mia vita: un travolgente acquazzone dopo quindici anni di siccità. Era gentile e generosa, ma al tempo stesso focosa. Era stato come la prima volta, ma con l'esperienza e la consapevolezza di tutto ciò che avremmo voluto sapere da giovani, sommate alla carica e alla passione che mi arrivavano dal sentirmi finalmente a mio agio nel mio corpo.

Appena lei uscì dal letto, Peety saltò su e prese il suo posto, con la testa sul cuscino.

«Ah! È geloso!» rise Sarah.

«Va tutto bene, ragazzo, il paparino è felice!» dissi, grattandolo dietro le orecchie.

Più tardi facemmo uscire i cani in giardino e li lasciammo scorrazzare mentre preparavamo la colazione. Fui contento di trovare del tofu in frigorifero, perché potei prepararglielo strapazzato alla mia maniera, insieme alle patate più «fantastiche» che avesse mai assaggiato, disse.

Il mio corpo fremeva se ci toccavamo durante la colazione, e mentre Peety si accoccolava ai miei piedi sotto il tavolo, pensai che non c'era al mondo nient'altro che desiderassi di più. Mi sembrava impossibile che solo un anno prima (praticamente un anno esatto) avevo pregato che la mia vita avesse fine.

Con il corpo e la mente su di giri più che mai, più di quanto potessero fare delle sostanze stupefacenti, feci tutto il tragitto verso casa ringraziando Dio. Lo ringraziai per aver risposto alla mia preghiera. Aveva preso la mia vita, mi aveva aiutato a seppellire il tristissimo, vecchio me; mi aveva fatto rinascere, mi aveva dato una nuova vita al posto di quella vecchia. Mi aveva mandato i segni e gli angeli necessari per trovare la via verso la felicità, che era non solo possibile, ma alla portata di ogni singola persona sul pianeta. A cinquantadue anni stavo finalmente vivendo, appieno, come un essere umano in grado di amare, provare passioni, creare legami. Se uno come me ci era riuscito in un anno, quanti avrebbero potuto fare altrettanto, se avessero chiesto aiuto e seguito i segni e i consigli degli angeli che ci sono qui sulla Terra?

Certo, nel mio caso l'angelo principale era quello che continuava ad ansarmi nelle orecchie mentre guidavo, quello che mi era sempre stato al fianco, incoraggiandomi, facendomi uscire di casa, tirandomi fuori dalla mia mente repressa e costringendomi a pensare a qualcosa al di là delle mie pene, sempre dimostrandomi un amore incondizionato, anche quando pensavo che nessuno potesse amarmi. Quando mi stesi sul letto quella sera, con Peety vicino a me, dissi ad alta voce, sperando che Dio mi sentisse: «Grazie per avermi dato questo cane meraviglioso.»

16

La rete sociale

Io e Sarah ci frequentammo per sei mesi. Una relazione perfettamente normale e perlopiù adulta, anche se io avevo perso la testa e forse esageravo un po'. È comprensibile, no? Dopo tanti anni di astinenza è normale che si tenda ad abbandonarsi totalmente alla prima persona che ci mostra un po' di affetto. E quando si è in quello stato è facilissimo sorvolare sulle eventuali incompatibilità.

Era bellissimo e quando funzionava, funzionava davvero. Non dimenticherò mai il nostro capodanno. Era il primo che festeggiavo in forma e in salute, e volevo che fosse speciale. Invitai Sarah a un elegantissimo veglione in un grande albergo di San Francisco, e siccome sapevo che non sarei mai più ingrassato in futuro, decisi di comprarmi uno smoking per l'occasione: sì, non affittarlo, ma comprarlo.

Sapevo già dove andare. Feci un'entrata trionfale da Nordstrom a Palo Alto. Era la mia redenzione. Non solo stavo bene ed ero bello, ma potevo permettermelo: da quando avevo raggiunto il peso forma e iniziato a correre e socializzare, la mia carriera era decollata. Ero sicuro di me e la mia ritrovata passione per la vita si trasmetteva a ogni aspetto della mia esistenza, lavoro incluso. Fare il rappresentante di elettrodomestici non era il lavoro dei miei sogni, ma era molto più piacevole e divertente da quando mi sentivo meglio nel mio corpo.

Così entrai nel reparto degli smoking con l'aria di un uomo facoltoso che sa quello che vuole. Un commesso mi affiancò in un attimo, e poco dopo provavo smoking con una squadra di dipendenti che turbinavano intorno a me, suggerendo stili e tessuti diversi. Scelsi un classico, un Burberry di lana nera, e montai su uno sgabello davanti a tre specchi, rimirando i tre lati del mio corpo mentre un sarto segnava le misure con spilli e gesso. Mi offrirono un vero farfallino da annodare, gemelli e bretelle, e comprai anche quelli. Volevo essere impeccabile. L'ultima volta che avevo indossato uno smoking era per il ballo dei maturandi, in cui avevo accompagnato il mio amore dell'epoca, Jaye. Allora avevo indossato una camicia celeste con gala increspata. Ovviamente la moda era cambiata: comprai una camicia bianca e quando chiesi la fascia, il commesso mi spiegò che non si usava più da anni, e che avrei dovuto prendere le bretelle.

Mi chiesero se avessi bisogno di scarpe. «Certo!» risposi. Me le portarono direttamente lì anziché mandarmi nel reparto apposito. Quelle che mi piacevano di più costavano seicento dollari; lo smoking veniva milleduecento scontato. Fra tutto, quel giorno spesi oltre duemila dollari in una volta sola, ma mi sentivo alla grande!

Io e Sarah ci godemmo un capodanno magico e romantico, che non scorderemo mai. Il nostro rapporto mi donava una felicità che avevo conosciuto raramente, inoltre mi permetteva di coltivare più amicizie di quante ne avessi mai avute nella seconda metà della mia vita, anche perché il nostro progetto di cena vegana ben presto si era sviluppato in una serie di iniziative di successo.

La prima cena la organizzammo a casa mia, ed eravamo solo io, Sarah e un paio di amici. Poi la voce si allargò e anche altri membri del gruppo podistico vollero partecipare. Alla terza cena eravamo in dieci, sempre nel mio appartamento, mentre io stavo dietro ai fornelli come un vero chef. Peety era felicissimo di avere tante persone in casa, e le accoglieva una a una alla porta scodinzolando. Poi le accompagnava sul balcone, ricevendo ampie dosi di carezze e abbracci da tutti. Una sera Vicki venne con il figlio: non aveva trovato una babysitter e anche se lui non voleva partecipare a una «noiosissima» cena fra adulti, lo aveva convinto parlandogli di Peety.

Non avevo mai visto Peety interagire con un bambino prima di allora ed ero un po' nervoso. In fin dei conti, Casaundra mi aveva avvertito di fare attenzione e mi aveva abbinato a Peety proprio perché non avevo bambini. Le mie preoccupazioni evaporarono non appena il figlio di Vicki entrò dalla porta. Quando vide il pavimento in legno, il piccolo Mason si tolse le scarpe e iniziò a scivolare lungo il corridoio, mentre Peety gli correva a fianco abbaiando per l'entusiasmo: aveva trovato un nuovo amico. Pochi minuti dopo lo sentii ringhiare e andai a vedere che cosa succedeva: Mason e Peety giocavano a fare la lotta e Peety era felicissimo!

Forse era stato «cattivo» con i bambini come io ero stato

«cattivo» con le donne; forse era stato un vecchio bisbetico perché stava male, e si sentiva solo e rifiutato. In quel momento immaginai che si sarebbe trovato bene in una casa piena di bimbi, in un posto dove vi fosse più di una persona da amare, a parte me, il suo caro vecchio papà. Evidentemente aveva molto amore da dare. Questo voleva dire che anch'io iniziavo a sperare in una famiglia tutta mia.

Per la prima grande cena scegliemmo un tema spagnolo, aprendo con un aperitivo di sangria fruttata e biologica. Decorammo l'appartamento di festoni e lucine per accentuare il carattere ispanico del mio arredo. Ideai alcune tapas da sgranocchiare mentre completavo la mia ormai classica *paella* vegana. Quando entrai in salotto per dire che la cena era pronta, vidi che tutti erano in piedi in un angolo. «Perché state lì?» chiesi.

Mi guardarono e risero. «È stato Peety a spingermi qui», disse Vicki.

«Anche a me!» le fece eco Sarah.

Tutti gli altri invitati confermarono la stessa cosa. Peety li aveva radunati come un gregge: «Peety! Rilassati, fratello. So che sei un cane da pastore, ma questa è una festa, non devi lavorare in salotto».

Tutti risero e poi finalmente andammo a tavola.

«Sono venuta per la compagnia, e non avevo idea che il cibo vegano potesse essere così buono. Mi aspettavo qualcosa di... non so, insipido», disse Vicki.

Ridendo, anche i nuovi invitati confermarono che pensavano la stessa cosa.

«Be', sono felice di condividere le mie ricette e insegnarvi a cucinare queste cose. Chiamatemi, se volete», dissi.

«Diamine, ti assumo per cucinare per me!» disse Vicki, alzando il bicchiere.

«Brindiamo!» rispose Sarah.

Brindammo tutti e decisi di rilanciare: «Facciamo così, Vicki. La prossima cena la facciamo da te, io cucino gratis ma raccogliamo fondi per la Humane Society Silicon Valley, a nome di Peety».

«Affare fatto!»

«Può venire anche Peety?» chiese il figlio.

«Certo!» risposi, e lui corse da Peety e gli disse: «Vieni a casa mia, bello! Ci divertiremo!»

In men che non si dica, Vicki e Sarah avevano già pianificato il tutto e poche settimane dopo trasformammo la cucina di Vicki in un'oasi marocchina. Cucinammo insieme perché tutti potessero imparare qualcosa e imbastimmo una cena incredibile. Nei giorni precedenti avevo scoperto nuove spezie, ero andato nei ristoranti marocchini e chiesto consiglio ai cuochi. Tutta quella ricerca aveva dato vita alla versione vegetale di una tajine di pollo (fatta con il tofu), e un intero menù di delizie che avvilupparono i sensi con un ventaglio di aromi e sapori sconosciuti.

Tutti volevano ripetere l'esperienza, e li accontentammo. Organizzammo una cena thailandese, una cinese e una vietnamita, e rivisitammo il tema spagnolo più di una volta. Quando impararono a cucinare nuovi piatti, anche altri ospitarono l'evento in casa loro, con il mio aiuto o senza, servendo alcune semplici portate cui non avevo mai pensato, come gli champignon alla piastra. Finimmo per avere addirittura una lista d'attesa di persone che volevano partecipare alle nostre serate, e raccogliemmo fondi per diverse ottime cause. Nacquero amicizie che proseguirono al telefono, con i messaggi e su Facebook, e che continuano tuttora. Nel frattempo vi furono altri appuntamenti romantici con Sarah, e il nostro gruppo podistico crebbe sempre più.

Durante quelle cene molti mi facevano domande sulla mia alimentazione, al punto che decisi di offrire qualcosa in più della mia semplice esperienza personale. Andai in un vicino centro di formazione professionale e mi iscrissi a vari corsi di carattere medico-scientifico. Mi piacquero al punto che completai il programma equivalente al primo anno di medicina, solo per capire perché la dieta della dottoressa Preeti avesse funzionato così bene per me, e quali fossero le cause dell'epidemia di obesità negli Stati Uniti. Seguii lezioni di anatomia, fisiologia, chimica, chimica organica, scienze della nutrizione e persino fisica e psicologia.

Sfruttai le mie capacità di ricercatore e avvocato. Quando sui media parlano di nuovi studi nutrizionali, è impossibile determinare se le informazioni siano state vagliate a dovere o se si tratta solo di un'operazione di marketing o di una moda. Per questo esaminai attentamente gli studi per scoprire chi li aveva finanziati e capire se fossero di parte. Soppesavo le evidenze e confrontavo le conclusioni contraddittorie. Esaminai le riviste mediche, studiai l'assimilazione dei nutrienti presenti nel cibo e la struttura ossea e muscolare del corpo umano. Imparai a leggere le etichette dei prodotti e a capire il significato di tutti i termini usati sulle confezioni. Tuttavia feci un'altra scoperta di portata più generale, e a tutt'oggi non capisco perché questa informazione rimanga sconosciuta ai più.

Le conclusioni degli esperti, dopo diversi studi scientifici con revisione paritaria, sono queste: se ogni singolo americano adottasse un'alimentazione a base di vegetali e cereali integrali, e seguisse uno stile di vita che preveda lo stesso livello di attività fisica dei suoi nonni, potremmo risparmiare mille miliardi di dollari l'anno di spesa sanitaria; il settantacinque percento o più di tutte le malattie croniche vedrebbe un netto miglioramento: l'attuale epidemia di infarti, ictus e tumori verrebbe notevolmente ridotta; il diabete praticamente sparirebbe! Questa non è la mia opinione, ma una conoscenza scientifica ampiamente condivisa, che per qualche strano motivo è ancora largamente ignorata. Tuttora i medici non chiedono un cambiamento significativo nelle abitudini alimentari dei cittadini, ma continuano a prescrivere pillole e pastiglie per motivi commerciali. In media un medico di base dedica cinque minuti a ciascun paziente, un tempo appena sufficiente per ascoltare un problema e prescrivere un farmaco che allevi i sintomi; nient'altro.

Avrei voluto gridare a ogni dottore americano: «Perché non prescrivete un'alimentazione corretta al posto delle medicine?»

Più informazioni apprendevo e più cresceva la volontà di trovare un mezzo per condividere questo sapere. Valutai l'idea di proseguire gli studi fino a raggiungere l'abilitazione di nutrizionista, ma non mi vedevo a incominciare una nuova professione da zero alla mia età, quindi la scartai.

Studiando la salute e i vantaggi della vita sana, cresceva anche la passione per la corsa. Avevo già sentito parlare del cosiddetto «sballo del corridore» e a un certo punto lo provai di persona. Le endorfine scatenate dall'attività ti donano una sensazione indicibile. Ormai dormivo non più di sette ore a notte e mi svegliavo con la voglia di correre, proprio come un tempo aprivo gli occhi con la voglia matta di pizza e McMuffin all'uovo.

Quella primavera, contro ogni buon senso, mi iscrissi a una gara podistica insieme a Sarah e Vicki. Non era una maratona, nemmeno una mezza maratona e sapevo di potercela fare, ma l'idea di gareggiare scatenò le mie insicurezze. Non importa l'immagine che vedevo riflessa nello specchio: dentro io mi sentivo sempre Ciccio, il bambino che non riusciva a scavalcare una recinzione alta un metro. Invece finii la gara con un tempo di tutto rispetto. Provai una scarica di endorfine e mi piacque molto spingermi al limite. Apprezzai anche l'idea di fissare un obiettivo e stabilire un passo per raggiungere il traguardo il più in fretta possibile ma senza crollare a metà strada. L'arrivo mi mandò su di giri e fu bellissimo festeggiare con gli altri mentre ero colmo di orgoglio per le incredibili e inattese capacità del mio corpo.

In quei sei mesi, però, io e Sarah ci allontanammo l'uno dall'altra. Lei era felice solo quando programmava un nuovo evento, e cominciammo a litigare per delle inezie. Quando saltai uno dei suoi eventi a causa di un viaggio di lavoro, lei lo prese come un affronto personale. Scoprimmo che non avevamo molto in comune tranne la corsa e il letto. Una sera litigammo in malo modo mentre eravamo in barca a vela con alcuni amici in comune. Non ricordo come cominciò, ma avevamo entrambi bevuto troppo e tirammo fuori il peggio di noi stessi. Fu bruttissimo. Sarah mi tolse l'amicizia su Facebook e poi mi bloccò; non voleva più vedermi, mi estromise dalla sua vita nel modo più completo, per cui dovetti cercarmi un altro gruppo podistico.

Quella reazione mi devastò e per qualche giorno mi sentii più solo che mai. Quasi tutti i membri del primo gruppo mi furono vicini e questo mi aiutò; sono ancora oggi miei amici. Peety mi consolò come aveva sempre fatto. Non potevo chiudermi in casa e non uscire più: dovevo portarlo fuori ogni giorno, e questo mi diede la spinta necessaria per non abbattermi del tutto. Mangiavamo insieme e, anche quando non mi lavavo per un paio di giorni, mi guardava come se fossi la persona migliore del mondo.

Una sera avevo un bicchiere di bourbon in mano e Peety al mio fianco, e *He Stopped Loving Her Today* di George Jones a tutto volume sullo stereo. Non credo che Peety capisse il testo ma ululò insieme al pezzo per un po', e da quel momento iniziai a sentirmi di nuovo bene. In pochissimo tempo accettai che la relazione con Sarah era stata solo una tappa della mia vita, e nonostante il dolore sentivo gratitudine. Innanzitutto perché avevo un cuore che poteva soffrire; ma anche per tutto ciò che lei mi aveva regalato: Sarah era bravissima a far incontrare le persone e a creare legami, e per questo la ammiravo e volevo imitarla. Era anche quella che mi aveva riportato nel mondo. Il rapporto con un'altra persona, in particolare con una donna che al primo impatto avevo ritenuto attraente ma irraggiungibile, mi aveva permesso di ritrovare la fiducia in me stesso, ed ero abbastanza sicuro che non l'avrei mai più persa.

* * *

Una settimana dopo che ci eravamo lasciati, trovai un altro gruppo podistico e mi iscrissi anche a un'altra gara, solo per avere un obiettivo cui guardare, per rituffarmi nella vita. La passione per la corsa cresceva di pari passo con quella per gli animali e l'alimentazione vegetale. Come ripetevo agli amici, Peety era l'artefice della mia trasformazione, era il mio portale per accedere al mondo, il mio primo sostenitore, il mio vero compagno, quello che mi amava incondizionatamente e mi donava una gioia infinita. Più pensavo a quel che aveva fatto per me e più volevo fare tutto il possibile per proteggere i suoi simili; salvarli, accudirli e dare loro l'opportunità di entrare nella vita di un'altra persona. A volte guardavo i volti corrucciati della gente negli aeroporti o nei negozi che servivo, e pensavo a quanto sarebbe migliore il mondo se tutti avessero un cane. Prima della svolta non ero mai stato un sostenitore dei diritti degli animali. Gli appelli degli enti come Greenpeace, PETA o ASPCA, e le sciocche pubblicità in cui qualche celebrità tipo Sarah McLachlan ti esortavano a «salvare un cane», non mi avevano mai toccato. Dopo? Dopo, tutto mi toccava nel profondo: ormai vedevo gli animali come gli ultimi fra gli ultimi. L'idea che Peety o qualsiasi altra creatura vivente venisse ingabbiata, maltrattata o macellata era insostenibile. Continuavo a chiedermi: Perché? Perché lo facciamo? Dio ci ha donato un'abbondanza di piante commestibili (oltre ventimila), in quantità rinnovabili all'infinito, che ci offrono tutti i nutrienti di cui abbiamo bisogno, e che possiamo combinare in cucina per creare un'infinità di abbinamenti e sapori diversi, adatti a soddisfare qualsiasi palato, persino uno «antivegetale» come era il mio! Quasi tutte sono facilmente coltivabili senza alcun impatto negativo sull'ambiente o sul corpo. Non serve massacrare gli animali per produrre o consumare cibo. Perché continuiamo a ignorare questo fatto e a scegliere di fare tutt'altro?

Non entrerò nei particolari: i dati sono pubblici e ben documentati per chiunque voglia aprire gli occhi. Chi vuole saperne di più, può fare come me: guardare i documentari *Forchette contro coltelli*, *What the Health* e *Cowspiracy*, facilmente reperibili su Internet. La scienza ha dimostrato che l'industria della carne devasta il pianeta e maltratta gli animali, e che le proteine animali sono dannose per il nostro organismo (alcune importanti ricerche scientifiche dimostrano che la carne e i prodotti di origine animale comportano un rischio di cancerogenicità simile a quello delle sigarette), quindi perché perpetuiamo queste abitudini malate?

Una volta aperti gli occhi, trovai conferme ovunque, persino nella Bibbia. Fin dall'inizio, Dio ha indicato le piante come la nostra fonte di cibo:

> Poi Dio disse: «Ecco, io vi do ogni erba che produce seme e che è su tutta la terra e ogni albero in cui è il frutto, che produce seme: saranno il vostro cibo».
> *Genesi 1,29*

Un giorno vidi su Facebook l'invito per una corsa podistica a favore della PETA, al parco del Presidio di San Francisco, e decisi di sostenere l'iniziativa partecipandovi. Mandai un'e-mail all'organizzatrice, una certa Michelle, offrendomi non solo di correre, ma di aiutare in qualsiasi modo fosse possibile. Ero così entusiasta all'idea di combinare animalismo e corsa che devo esserle apparso un po' troppo esuberante. Ci incontrammo per una riunione organizzativa e parlammo per ore: anche lei era appassionata come me e condivideva le mie idee sull'alimentazione, tanto che mi invitò a parlare a un altro evento della PETA.

Senza nemmeno chiedere, la mia speranza di trovare un modo per esternare quel che avevo imparato era stata appagata. Poche settimane dopo mi presentai davanti a un grande pubblico in una sala conferenze e cominciai il mio primo intervento davanti a una platea di animalisti e amanti degli animali. Dopo che Michelle mi ebbe presentato come un corridore amatoriale che aveva partecipato al loro programma di raccolta fondi, e il pubblico aveva potuto osservarmi per un minuto, accesi il proiettore e mostrai una foto di quando pesavo centocinquanta chili. I presenti restarono visibilmente a bocca aperta e da quel momento in poi mi seguirono con attenzione. Ecco cosa dissi loro: «Ciò che mangiamo è il risultato di un bisogno fisico, delle preferenze personali, delle disponibilità e di ciò in cui crediamo. Iniziamo a definire qualche termine fondamentale. I carnivori sono animali che mangiano altri animali, ma non i vegetali. Gli onnivori sono persone o animali che mangiano vegetali e animali. Quelli che seguono la cosiddetta 'paleodieta' hanno un'alimentazione simile a quella degli uomini delle caverne. I pescetariani mangiano solo pesce e vegetali. I vegetariani mangiano latticini e uova, oltre ai prodotti vegetali, mentre i vegani mangiano solo vegetali. Personalmente preferisco affermare che seguo una dieta vegetale e integrale, piuttosto che vegana. Perché? Perché mangio solo cibo genuino e non cibo spazzatura, ancorché vegano. Cerco di mangiare solo cibi prodotti con ingredienti vegetali e integrali, senza grassi o zuccheri aggiunti, anziché alimenti confezionati, pieni di grassi, zuccheri e altri additivi.

«Perché mangiare solo i vegetali e non la carne, il pesce, il pollo, le uova o il formaggio?» chiesi, poi feci una pausa.

«Per tre ordini di motivi: di salute, etici ed ecologici. È possibile vivere bene mangiando solo piante? Sì. Secondo l'Academy of Nutrition and Dietetics (la principale organizzazione di settore dei nutrizionisti americani), una dieta vegetariana o vegana ben pianificata è sana a qualsiasi età e in ogni fase della vita, incluse gravidanza, allattamento, infanzia, adolescenza; anche per gli atleti. Ma è più sana di un'alimentazione onnivora? Ancora una volta la risposta è sì. Ma anziché esporvi la mia opinione ed esperienza personale, vediamo i fatti.

«Le evidenze secondo cui una dieta basata su vegetali e cereali integrali è superiore alla dieta onnivora sono chiare come quelle che legano il cancro ai polmoni al tabagismo, e i gas serra ai cambiamenti climatici. Alcune persone negano questi fatti, ma la stragrande maggioranza della comunità scientifica e della comunità medica li accetta e li conferma. Esiste una grande quantità di resoconti scritti, con numerose testimonianze credibili, di persone che hanno dedicato la vita a studiare e dimostrare questi fatti. E i fatti sono i seguenti: il settanta percento degli americani è obeso o in sovrappeso», dissi, sostenendo l'affermazione con una slide che citava un rapporto dei Centers for Disease Control (i centri per la prevenzione e il controllo delle malattie del governo statunitense). In effetti, tutti gli studi che citavo

196

erano stati pubblicati sulle più importanti riviste scientifiche; non erano opera di estremisti o attivisti. Come ho detto, non si tratta di pseudoscienza, ma di scienza vera e propria, di fatti dimostrati e ampiamente accettati dagli esperti.

«Stiamo sbagliando qualcosa, gente, e stiamo avanzando nella direzione sbagliata. Il consumo di carne e formaggio comporta un rischio di mortalità simile a quello provocato dal tabagismo», dissi, citando uno studio dei National Institutes of Health (i principali enti di ricerca biomedica del governo).

«Al giorno d'oggi la maggioranza dei non-vegani necessita di statine per ridurre il colesterolo», aggiunsi, citando un rapporto dell'*American Heart Journal*. «La ricerca dimostra che se non si consumano prodotti animali o grassi aggiunti, il colesterolo si mantiene su livelli sani, con un conseguente abbassamento del rischio di infarto.

«Ma il consumo di prodotti animali non è causa solo di infarti: oltre il settantacinque percento delle patologie croniche può essere eliminato con una dieta vegetale», dissi, citando un'altra ricerca importante che ha coinvolto un'ampia fetta di popolazione per un lungo periodo di tempo. «Allora, se questi fatti sono veri, perché non seguiamo già tutti questo tipo di alimentazione?» Quindi menzionai le visite mediche di cinque minuti al massimo e la tendenza a trattare i sintomi anziché le cause. «Immaginatela così: quando apriamo un rubinetto, l'acqua cade a terra. Il sintomo è l'acqua che cade a terra. Se provassimo a curare il problema con uno straccio, non lo risolveremmo mai; se invece chiudessimo il rubinetto avremmo risolto il problema. I medici offrono farmaci anziché una dieta vegetale perché non hanno tempo per spiegarne i motivi e i benefici. Presumono anche che i loro pazienti non siano interessati a consigli nutrizionali.» Avevo una prova anche per quest'affermazione, tratta direttamente dall'*American Journal of Cardiology*.

«La seconda ragione: il denaro. I morti non fruttano nulla, ma neanche i sani valgono molto. I soldi si fanno con i malati. L'industria sanitaria, quella delle assicurazioni sulla salute e quella agroalimentare, beneficiano tutte dalla diffusione di alimenti non sani, perché così massimizzano i loro profitti.»

Il pubblico era incantato. Quando ebbi finito si formò una coda per parlarmi. Passai un'ora a stringere mani, ascoltare aneddoti personali e soddisfare dubbi e domande. Fui invitato a parlare da varie associazioni che operano contro l'obesità e le dipendenze, dagli alcolisti anonimi, da enti religiosi e molti altri ancora. Quella sera registrai anche un successo personale: prima di andare via, un'attraente signorina con i capelli rossi e un barboncino bianco si attardò per flirtare con me. Mi invitò a bere qualcosa e accettai all'istante.

17

Al vostro servizio

UNA cosa era sicura: durante la mia ibernazione quindicennale le donne avevano preso l'iniziativa. Le prime volte che portavo Peety all'Emma Prusch Farm Park avevo fantasticato di essere notato da una delle donne che erano lì con il loro cane, un giorno o l'altro. Presto scoprii che quel bucolico parchetto pieno di pollame era in realtà una specie di punto di incontro per chi voleva rimorchiare. Peety serviva per attaccare bottone, e da quando ero di nuovo single e sicuro di me, non dovevo nemmeno più trovare il coraggio per invitare una sconosciuta a prendere un caffè. Nove volte su dieci, era lei a chiedermelo. Così accadeva anche alle conferenze e agli eventi podistici. Entrai dunque in una nuova fase di relazioni occasionali, che durò un paio di anni e fu molto più gratificante di quanto avrei mai immaginato per un ultracinquantenne come me. Mi sentivo attraente e di conseguenza giovane. A dirla tutta, stavo meglio di quando ero giovane: a vent'anni non mi sentivo così bene. Per la prima volta in vita mia ero davvero pieno di fiducia, in me stesso e nel mio corpo. Finché il corpo non mi tradì.

Nel 2011 e 2012 correvo quasi tutti i giorni e in un solo anno passai dalle gare di cinque chilometri alle mezze maratone, quindi alle maratone. Ogni progresso era un traguardo in sé, ma anche i miei tempi miglioravano. La corsa divenne esattamente ciò che la dottoressa Preeti aveva auspicato: un'attività fisica piacevole, una passione.

Nell'autunno del 2012 ero ormai un atleta. L'insistente vocina interiore secondo cui non ero altro che una versione cresciuta di Ciccio era sparita per sempre. Quel ragazzino, o anche solo quel che ero stato fino a due anni prima, mi sembrava un altro: un vecchio conoscente, un compagno delle elementari, un ex collega con cui andavi d'accordo ma che non è più parte della tua vita, ormai; e il pensiero che non lo rivedrai mai più non ti rattrista neanche un po'.

Percepivo l'autorità dei miei muscoli, il rumore del mio respiro, la maestosità del mio battito cardiaco mentre correvo con il sole in fronte e il vento alle spalle, e mi sentivo forte, potente, a tratti invincibile.

Poi, il 28 ottobre mi risvegliai in ospedale senza sapere cosa fosse successo. Il medico del pronto soccorso mi disse che avevo avuto una crisi. Ero svenuto al trentatreesimo chilometro della maratona di Morgan Hill. Era l'unica gara che non avevo terminato. Mi fecero degli esami, esclusero ictus o infarto, ma senza giungere a una conclusione. Dissero che forse avevo solo spinto troppo e il corpo si era spento. Mi diedero un'aspirina e mi ordinarono di riposare, e dopo una notte in osservazione mi spedirono a casa.

Non dissi loro che sapevo qual era la causa dello svenimento. La disidratazione e la passione per la corsa non c'entravano nulla. Quando un atleta sviene o muore durante

200

una gara, si tende a ricercare la causa nell'attività fisica. Tante persone, come scusa per non praticare alcuno sport, citano le storie di corridori famosi che sono deceduti con le scarpe da corsa ai piedi. Ma la causa non è quasi mai la corsa: il più delle volte si tratta di un problema sottostante, uno scompenso cardiaco o, nel mio caso, una lesione cerebrale.

Era un argomento che preferivo non affrontare. I sintomi erano scomparsi da anni, tanto che li avevo quasi dimenticati, ma quand'ero stato sotto le armi avevo subito un trauma cranico durante un addestramento. Ero rimasto in infermeria per settimane, e per qualche anno avevo sofferto di svenimenti improvvisi o attacchi epilettici. Erano episodi terrificanti. Non osavo immaginare le conseguenze se mi fossero venuti mentre lavoravo sui serbatoi dell'acqua o, peggio ancora, mentre ero al volante. Ma erano accaduti quasi sempre fra le mura domestiche, e non avevano lasciato effetti duraturi. Mi riprendevo sempre facilmente e poi poco per volta erano scomparsi. Presumevo che la lesione fosse guarita.

A seguito del nuovo svenimento presi appuntamento con uno specialista, che dopo qualche esame confermò i miei sospetti: il trauma cranico era l'unica spiegazione ragionevole per quel che mi era successo al trentatreesimo chilometro della maratona. Ne parlai con la psicoterapeuta e le dissi che secondo me era stato un caso: «Non ho paura che succeda di nuovo».

Mentivo. In realtà ero spaventatissimo. Temevo che quella vecchia lesione mettesse fine alla mia nuova vita. *E se adesso le crisi iniziano a venirmi spesso? Se non riesco più a lavorare? Se mi tolgono la patente? Se lo stress mi fa smettere di correre? Se ricomincio a ingrassare?*

La dottoressa mi smascherò in un attimo. Mi conosceva bene, ormai, per cui insistette perché facessi qualcosa. Un anno prima le avevo chiesto di certificare Peety come cane da assistenza. Era una richiesta ingenua e la risposta era stata negativa. Innanzitutto non è il cane che viene «certificato». In base alla legge, un disabile ha diritto all'accompagnamento di un cane addestrato specificamente la sua disabilità. Peety sicuramente mi dava molto conforto, mi aveva aiutato a non perdere la bussola anche quando sentivo di non potere più andare avanti, ma dato che non avevo una disabilità fisica, e non soffrivo di depressione o un altro disturbo psicologico, la mia dottoressa non poteva richiedere un cane guida per me. Ero d'accordo: immaginate il caos se chiunque volesse il conforto del proprio cane potesse portarselo ovunque, sugli aerei, a scuola e al ristorante. Ci sarebbero cani dappertutto, che disturberebbero le normali interazioni sociali; non funzionerebbe. La legge è specifica per un ottimo motivo.

Ma il trauma cranico cambiava tutto. «Anche se non avesse già un cane, gliene consiglierei uno nel suo caso», disse la psicoterapeuta. «Uno addestrato per dare l'allarme nel caso di un attacco improvviso.»

«Non basta uno di quegli apparecchi salvavita? Sa, di quelli del tipo: Sono caduto e non riesco alzarmi?»

«Di solito funzionano schiacciando un bottone, quindi sono inutili se lei è svenuto», obiettò.

«Scherzavo.»

«Io no. Il suo è un problema potenzialmente pericoloso, Eric. Non sono sicura che il suo cane…»

«Peety.»

«Sì, Peety. Non sono sicura che Peety sia addestrabile per questo servizio. Forse sì, non so. Ma se non lo è, le consiglio di procurarsi un cane addestrato, che la segua per la sua incolumità. Le dirò di più, la metto in contatto con un paio di enti che lavorano con gli animali da assistenza, così iniziamo la procedura.»

E così la mia vecchia lesione si trasformò in un dono inatteso. Ovviamente Peety sarebbe stato idoneo al servizio. È un pastore, è un cane da lavoro. Cavoli, è più intelligente di molte persone che conosco! Completammo l'addestramento insieme e imparò tutto come un vero professionista. Prima consolidammo i comandi fondamentali (seduto, fermo, giù eccetera) con un sistema di ricompense, per esempio praticando il comando «seduto» mentre con una mano gli premevo la schiena e nell'altra tenevo un bocconcino appetitoso; ci vollero solo tre o quattro tentativi prima che associasse il comando e la posizione alla ricompensa. «Qui» fu più difficile, dato che era abituato a camminare davanti a me, ma imparò anche quello piuttosto in fretta. Il nostro legame era imperniato sul cibo, che quindi era l'incentivo ideale. Poi doveva imparare ad abbaiare e cercare aiuto nel caso fossi svenuto a terra. Non ci fu bisogno di insegnarglielo. D'altronde è normale che il tuo cane si agiti e si comporti come Lassie se ti vede privo di conoscenza.

Non esiste una certificazione ufficiale per i cani guida negli Stati Uniti, niente targhette o documenti. La pettorina non è obbligatoria, le persone le usano solo perché tutti sappiano subito che si tratta di un cane di servizio. Per questo ci sono molti che cercano di far passare i propri cani come animali da assistenza anche se non lo sono. Alcune persone usano documenti falsi e pettorine solo per evitare di pagare la cauzione prevista per i locatari con animali domestici, o aggirare un divieto che non approvano. È un comportamento immorale e irrispettoso nei confronti dei disabili e degli animali addestrati per aiutarli. La legge è molto severa in merito, e i furbi sono punibili con pene pecuniarie e detentive, e possono vedersi sottratto il cane. La questione è molto controversa, per cui decisi di studiarla a fondo e poi informare chiunque me lo chiedesse. E ovunque andassi con Peety, c'era qualcuno che lo domandava.

Sopra ogni cosa, però, mi sentivo benedetto. Era bellissimo pensare che Peety potesse aiutarmi nel caso di un attacco. Mi aveva già dato tantissimo, ma l'addestramento me lo fece apprezzare perfino di più. Se ancora nutrivo qualche dubbio che quel cane fosse un dono del cielo, questo intervento del destino lo spazzò via del tutto. Con lui al mio fianco mi sentivo sempre protetto e sicuro. Ciò detto, non mi sembrava una buona idea portarlo in aereo, per cui non lo feci. D'altronde, sia in aeroporto sia alle riunioni ero sempre in mezzo alle persone, che potevano chiamare i soccorsi in caso di necessità. E non correvo gravi pericoli fra le mura di una camera d'albergo.

Non potevo neanche portarlo a correre con me. Ci avevo provato due o tre volte, ma non voleva saperne. Per evitare rischi inutili, correvo sempre con un amico o in gruppo; mai da solo. Quando camminavo, invece, Peety era sempre con me. Certo, l'addestramento comportava un grosso vantaggio: potevo portarlo ovunque volessi, per cui ne approfittai. Appena ebbi un giorno libero tornammo a San Francisco e raggiungemmo la biglietteria presso il molo 33, dove chiesi un biglietto per Alcatraz.

«I cani non sono ammessi sulle nostre imbarcazioni, signore», disse la ragazza.

«È un cane da assistenza», risposi.

«Che tipo di assistenza?»

Aveva il diritto di pormi quella domanda. Secondo il Dipartimento di Giustizia, ci sono due domande che un esercizio commerciale può porre di fronte a una dichiarazione di cane da assistenza. Una: È necessario per una disabilità? E due: Che cosa è addestrato a fare per moderare la disabilità?

La prima domanda è abbastanza inutile e la risposta è «Sì, è un cane da assistenza». Alla seconda, invece, bisogna rispondere spiegando il compito specifico che il cane svolge. Non si può sostenere che serve solo per dare conforto.

Quindi risposi e presi il mio biglietto. Peety saltò a bordo di un'imbarcazione per la prima volta in vita sua, con l'aria di un vecchio lupo di mare. Non aveva più l'esitazione che mostrava quando ci eravamo appena incontrati, quando si bloccava prima di montare in macchina o in ascensore. Adesso era sicuro del fatto suo. Si muoveva con facilità sul ponte ondeggiante e si sporgeva dal parapetto per guardare l'acqua e i gabbiani, mentre salpavamo diretti al vecchio penitenziario che sorge su un roccione in mezzo alla baia.

Restò tranquillo durante tutta la visita. Era davvero un bravo ragazzo. Alcune persone erano sorprese di vedere un cane e mi chiesero il permesso di accarezzarlo. Dissi sempre di sì. Molti cani da assistenza non devono essere distratti, e le pettorine servono appunto per scoraggiare i contatti. Non era però il caso con Peety, che adorava ricevere affetto e attenzioni dagli sconosciuti. L'unica infrazione che commise fu quando ci fecero vedere la cella di Al Capone: la numero 133 del blocco B. Chissà perché, ma in quel luogo carico di storia e secondo alcuni spiritato, sentì il bisogno di marcare il territorio, lasciando un ricordino giallo sulle sbarre. Per fortuna la guida non ci stava guardando, non volevo certo discutere. Tuttavia mi sembrò consono che Peety lasciasse il segno su quel monumento. Mi chiesi quanti cani fossero passati per Alcatraz. Era un dono poter fare il turista con lui, il mio salvatore, il mio compagno, il mio amico. Si meritava di vedere quei posti, volevo mostrargli il mondo. Era rimasto chiuso in gabbia per troppo tempo. A pensarci bene, ci ero rimasto anch'io.

Promisi a me stesso di portare Peety in gita il più possibile. Era il mio cane speciale e da quel giorno in poi volevo fargli vedere tutti i posti dove la maggior parte dei suoi simili non poteva entrare. Nei mesi successivi facemmo diverse uscite nella zona della Bay Area. Lo feci nuotare nell'oceano per la prima volta, e risi quando lo vidi scattare nella sabbia, come aveva fatto al laghetto di papere al Penitencia Creek Park. Gli feci fare un giro su un trenino: montò sul sedile e girò in tondo più volte insieme a un sacco di bambini. Lo portai al ristorante, ma si rivelò un po' troppo turbolento in quell'ambiente, per cui limitai le cene fuori ai locali che avevano un giardino. L'ultima cosa che volevo era disturbare chi era lì per passare una bella serata. Le nostre uscite non dovevano causare problemi a nessuno.

In realtà la maggior parte delle persone era molto accomodante quando rivelavo che Peety era un cane da assistenza. All'improvviso il distacco svaniva e lo vedevano come qualcosa in più di un animale domestico o di un fastidio; lo guardavano con rispetto. Molti esercenti erano orgogliosi di accoglierci nel loro esercizio, albergo, ristorante, negozio, banca o carrozziere che fosse.

La compagnia costante di Peety aggiunse un elemento interessante anche alla mia vita sentimentale: le mie conquiste adoravano la novità di entrare in un ristorante con un cane. Spesso erano sorprese che lui restasse accucciato a terra, felice di stare al mio fianco in qualunque posto. Era anche un argomento di conversazione, e di risate, e sollecitava la controparte a raccontare le proprie esperienze con gli animali. Ascoltai storie di cavalli, o di cani e gatti che sentivano quando la padrona era ammalata, e che la consolavano sempre nel momento del bisogno. Ho sentito addirittura di conigli con una marcata personalità. Chi lo sapeva che i conigli hanno una personalità?

Finii anche per fidarmi implicitamente del giudizio di Peety. Se gli piaceva una persona, facilmente sarebbe piaciuta anche a me; se la ignorava, probabilmente non eravamo compatibili; e se non gli piaceva affatto, levavo subito le tende. Secondo un mio amico Peety era un *evil detector*, un «rivelatore del male». In giro, per esempio, ignorava quasi tutti i passanti, e poi all'improvviso ringhiava a un completo sconosciuto, come se vedesse il cuore delle persone, o l'aura o chissà cosa. Qualunque cosa fosse, mi fidavo di lui.

Il problema delle relazioni occasionali è che dopo un po' stufano. Mi ritrovai nello stesso punto in cui ero trent'anni prima. Ero stanco dei giochetti e degli sforzi necessari per conoscere una persona nuova, solo per ritrovarmi di nuovo single poco dopo e dover ricominciare tutto da capo. Desideravo un rapporto stabile, più profondo, e in testa continuavano a girarmi le immagini di Peety inserito in una famiglia. Più o meno in quel periodo smisi di frequentare donne che non condividevano i miei principi. Il rispetto per gli animali e le mie scelte alimentari erano due ingredienti assolutamente essenziali della mia felicità personale, ed era difficile stabilire un legame e creare un clima di intimità con chi non li condivideva. Accettavo che gli altri avessero opinioni diverse, e non ero così intransigente da rifiutare la compagnia di chi mangia carne, ma l'idea di cominciare una relazione seria con una donna che non la pensava come me era impossibile.

Dato che non è semplice chiedere a una persona che cosa mangia o non mangia prima di invitarla a cena, decisi che il modo migliore di procedere fosse di iscrivermi a un gruppo di incontri per single vegani (sì, ne esistono in California, e si stanno diffondendo sempre più).

Si rivelò un'ottima mossa.

18

Dolce Melissa

QUANDO entrò nel ristorante, Melissa attirò la mia attenzione prima ancora di aprire bocca. Era giovane, forse molto giovane, e la sua effervescenza riempiva la sala.

Ero arrivato presto, quella sera. Conoscevo il ristorante, e dato che era piccolo, sempre pieno e rumorosissimo, avevo lasciato Peety a casa. Melissa si presentò e chiacchierammo da soli per qualche minuto. Scoprii così che aveva organizzato lei quel gruppo, perché come me aveva smesso di frequentare uomini che non condividevano i suoi principi riguardo a cibo, animali e ambiente. L'unico problema, disse, era che dopo diversi incontri ancora non aveva conosciuto nessuno che la interessasse: «Sono quasi tutti programmatori appena sbarcati dall'India, cresciuti in famiglie vegetariane. Sono persone gentilissime, ma le differenze culturali sono enormi, e non abbiamo molto in comune. La maggior parte, poi, non è nemmeno vegana! Gli altri sono attivisti sfegatati o hippy, che non sono il mio genere».

Lei era una giovane professionista, vestiva in modo

tradizionale, non aveva ciocche colorate o dreadlock fra i capelli.

«Sì, ti capisco, molti vegani in questa regione sono hippy.»

«Vero. Chissà perché?» Ridemmo entrambi. «Non lo so, io ho un lavoro normale, nel settore delle vendite.»

«Anch'io», dissi.

«Davvero? Bello. Sono vegetariana da quando avevo otto anni, e vegana da quando ne avevo dieci, quindi per me è la normalità. Non mangio né indosso prodotti di origine animale, punto. Però mangio cibo spazzatura – voglio dire: guardami – ma è importante per me e dev'essere importante per chiunque voglia avere una relazione con me. Ecco perché ho fondato questo gruppo, per provarci. Perché no?»

Non mi ero nemmeno accorto che fosse in sovrappeso prima che dicesse «guardami». Vedevo solo un sorriso luminoso e due occhi pieni di speranza, su una bella ragazza alta uno e sessantacinque. A quel punto arrivarono altri due uomini, che si presentarono. Lavoravano nella Silicon Valley e si erano appena trasferiti dall'India per proseguire la loro carriera. Melissa mi guardò come a dire: Capito?

Poco dopo entrò una donna sui trentacinque anni, e un ragazzo di origine vietnamita. Quando ci sedemmo per cenare, Melissa scelse un posto di fianco al mio. Lo presi come un buon segno. Mi chiese da quanto avessi smesso di mangiare prodotti animali e le raccontai tutta la mia storia. Poi le chiesi di parlarmi di lei e disse che quasi tutta la sua famiglia era vegetariana. Aveva iniziato la mamma, poi lei, perché amava gli animali, e infine i suoi quattro fratelli e sorelle. L'unico a non esserlo era il papà.

Era sempre stata in carne, disse, proprio come me, ma quando era diventata vegana era dimagrita e aveva mantenuto un buon peso per tutta la durata della scuola. Poi però aveva iniziato a mangiare patatine fritte e ogni sorta di schifezza vegana, tutta roba gustosissima ma poco nutriente. Notai che quella sera aveva ordinato una versione vegana dei gamberetti in salsa agrodolce, un piatto a base di tofu coperto da una glassa sciropposa e verdurine. Era affascinata dal fatto che avessi perso così tanti chili diventando vegano, e voleva sapere come avessi fatto, soprattutto perché lei aveva provato di tutto, dalla Weight Watchers e altre diete commerciali fino alle pillole di efedrina, quando erano ancora legali.

La sua storia aveva diversi punti in comune con la mia. Anche lei raggiungeva un punto in cui il metabolismo cambiava e iniziava ad accumulare peso, sempre un po' di più dopo ogni dieta. «Non sono riuscita a mantenerne nessuna», disse. «Il cibo era noioso e insipido e mi sentivo sempre malnutrita. Adesso sono otto anni che giro intorno ai novanta chili. Ho due maschietti pieni di energia e quando rientro a casa dal lavoro sono sfinita. Non vado mai a fare shopping. Le altre donne adorano lo shopping e ne parlano come se fosse il loro sport preferito, ma io lo odio. Non c'è niente che mi vada bene. È una tortura.»

«Ti capisco benissimo.»

«Mi spiace, non dovrei lamentarmi: la vita è bella, no? Siamo qui! Stiamo facendo una bella cenetta. E non pensavo di incontrare uno come te stasera. Cioè, la vita è bella, giusto?»

Sorrisi: «La vita è meravigliosa».

Quando uscimmo dal ristorante le chiesi se era su Facebook e disse di sì. Mi diede la sua e-mail e mi disse di cercarla. Le mandai una richiesta di amicizia quella sera stessa, che accettò pochi minuti dopo.

Il fine settimana successivo organizzò un altro incontro, cui parteciparono più o meno le stesse persone, con un paio di nuovi arrivi. Ci sedemmo di nuovo vicini e gli altri svanirono sullo sfondo. Mi raccontò delle storielle divertenti sui suoi figli, Joey e Mike, e io ricambiai con qualche episodio su Peety. A un certo punto menzionai le cene a tema che avevamo organizzato a casa mia.

«Oh wow, potremmo farne una anche noi? Cucineresti per noi? Cioè, non ho mai incontrato nessuno che parla della cucina come te, è entusiasmante!»

«Certo, magari sette o otto persone. Potrei fare la *paella*.»

«Sarebbe fantastico! Organizzo tutto io e posso farti da aiuto cuoco.»

«Sarebbe perfetto.»

«C'è solo un piccolo problema: non so cucinare.»

«Allora devi venire prima, che ti insegno.»

Lei sorrise e mi guardò negli occhi. Sentii le farfalline nello stomaco. Pregai Dio che le sentisse anche lei.

«Bene allora, è ancora meglio.» E così dicendo mi sfiorò con una gamba. Ebbi un brivido, il desiderio di ogni singola cellula del mio corpo di esplorare ulteriormente quel contatto. Arrossii e provai un po' di imbarazzo. Staccai lo sguardo dai suoi occhi e lo abbassai sul tavolo: «Senti, potrei essere tuo nonno.»

«Cosa!? Quanti anni ho secondo te? Non sono così giovane.»

212

«Quanti?»

«Ho ventotto anni. Aspetta, quanti anni hai tu?»

«Non te lo dico.»

«E dai!»

«Indovina.»

«Quarantatré.»

«Allora diciamo che va bene così per ora, okay?»

«O mio Dio! Quanti anni hai?»

«Quarantatré mi piace. Hai gli anni che ti senti di avere, no?»

«Va bene, mister. Lascio perdere, per ora, ma prima o poi lo saprò.»

«Quando sarà il momento giusto, te lo dirò.»

«Affare fatto.»

Io e Melissa iniziammo a sentirci per telefono e su Facebook, e l'organizzazione della cena a tema andò liscia come quella con Sarah. Proprio questo mi spaventava un po': speravo di non ripetere il passato. Melissa mi piaceva davvero, il suo spirito mi riempiva di entusiasmo per la vita. Volevo mettermi in mostra per lei, condividere quel che sapevo e mostrarle i benefici che avrebbe ottenuto se avesse seguito il mio percorso. Anche lei viveva in una specie di gabbia che ormai le stava stretta, e io volevo liberarla.

C'era solo un problema. Il giorno prima della festa mi disse che aveva il terrore dei cani. «Quando avevo cinque anni la mia sorellina gemella è stata bloccata in un angolo da un cagnone feroce e io mi sono sentita impotente non riuscendo a salvarla. Non è successo nulla, ma quella paura mi è rimasta. È tremenda. A volte resto paralizzata se vedo un cane grosso.»

«Cavoli, è terribile», dissi.

«Peety è grosso?»

«Venti chili, quindi tecnicamente è di taglia media, ma per molti è grosso.»

«Oddio, va bene. È che...»

«Senti, mandami un messaggio quando arrivi. Lo porto sotto, così vi conoscete fuori. È bravissimo, e ti prometto che andrete d'accordo; ne sono certo.»

In quel modo mi sembrava più sicuro. Se Peety avesse percepito la paura, non so come l'avrebbe interpretata, in particolare se si trovava fra le mura del suo castello. Melissa era spaventata come un bambino. Restò semiparalizzata, con un sorriso nervoso in volto. «Ciaooo», disse.

«Ciao», risposi, trattenendo Peety. Lui tirava il guinzaglio perché voleva salutarla. «Dai, metti la mano così, come una specie di pugno e abbassa lo sguardo, così non pensa che vuoi dominarlo, e poi lascia che ti annusi la mano, okay?»

«Oddio, okay», disse, poi allungò la mano, guardò a terra e chiuse gli occhi. Quando sentì il naso umidiccio di Peety sulla mano, la ritrasse immediatamente. Peety scodinzolava e guardava lei e poi me. Si vedeva che voleva leccarla.

«Va bene, lasciati annusare. Gli piaci, lo vedo.»

Riallungò la mano, Peety la leccò e quando lei aprì gli occhi, lui prese a saltellare tutto contento perché voleva giocare.

«Oddio, che fa?» strillò, cingendosi il petto con le braccia. Peety spiccava dei salti altissimi. L'aveva fatto solo un paio di volte con me, quando era molto eccitato. Saltava per aria ripetutamente, oltre la mia testa, come se rimbalzasse su un gigantesco tappeto elastico.

«Vuole solo giocare! Gli piaci. Va bene, va bene Peety, Melissa non è ancora pronta per giocare, figliolo. Diamole un minutino, okay?»

Lo accompagnai ai cespugli per fare pipì.

«Va bene, andiamo su», dissi poi.

«Mi spiace.»

«Figurati. Sono contento che ci hai provato. Senti, se c'è un cane che può farti superare la paura dei cani, è Peety. Quindi non c'è fretta, okay?»

Salimmo in ascensore insieme e Peety non le staccava gli occhi di dosso.

«È così carino», disse.

Quando si aprirono le porte, Peety mi trascinò fuori e puntò alla porta di casa. Era impaziente di mostrarla alla nostra nuova amica. Melissa ci seguì a distanza e una volta dentro lui le girò intorno un paio di volte e cercò di spingerla in salotto, ma poi decise di lasciarla in pace. Si stese davanti alla porta di entrata mentre noi andavamo in cucina.

«Wow, che bella casa.»

«Grazie.»

«O mio Dio, mi piacciono quelle piastrelle.»

«Il paraspruzzi? Bello vero? L'ho fatto io.»

«Cosa? Non ci credo! Quindi sai cucinare, fare lavori in casa... sei un uomo dalle mille risorse!»

«Ah, sì, forse. Sei pronta per cominciare?»

«No, ho paura di rovinare tutto, sono davvero una frana in cucina.»

«Ti prometto che non succederà. Ci divertiremo.»

Oltre alla *paella*, che finimmo con un po' di *tempeh* affumicato in casa, con un affumicatore che tenevo orgogliosamente sul balcone, preparammo una caraffa di sangria e una serie di tapas alla valenziana, dalle olive bianche al pane nero di mais (che purtroppo non potevo mangiare) fatto con il granoturco viola macinato a pietra. Melissa mi seguì come una professionista; imparava in fretta. Non fece amicizia con Peety quella sera, ma la paura diminuì con il passare del tempo. Lui non la infastidì più, non le stette addosso, ma se lei faceva una pausa dalla cucina e si sedeva, le si avvicinava e si sdraiava ai suoi piedi.

«È un ottimo segno», commentai.

«Davvero?»

«Sì. In pratica è come se venisse ad abbracciarti.»

«Oh, che carino», disse, guardando timidamente in basso, mentre sentiva il calore della pelliccia sui piedi.

L'elenco degli invitati era variegato e comprendeva un fisico, una vegana che non mangiava nemmeno glutine né soia, e che secondo Melissa mi aveva puntato (i miei occhi però erano fissi su di lei); un altro tizio di nome Syd che l'aveva aiutata a organizzare il gruppo prima che ci incontrassimo; i due programmatori indiani che non saltavano una cena; e la gemella di Melissa con il fidanzato, entrambi vegetariani, che Melissa sperava di convincere a diventare vegani.

Mi colpì vedere come accogliesse calorosamente tutti gli invitati, senza però che la perdessi nel gruppo come mi capitava con Sarah. Restava sempre lì con me, connessa, compagna e complice perché quella cena fosse un'esperienza fantastica per tutti. Era come se danzassimo in cucina, spostandoci senza urtarci, tranne quando lo facevamo apposta, con quei lievi contatti esplorativi che accendono i sensi: una mano sul centro della schiena quando ti passi a fianco, il contatto degli avambracci mentre prendi una ciotola, una ciocca di capelli spostata dal viso perché lei ha le mani a mollo nel lavandino... Feci appello a tutte le mie forze per non baciarla direttamente lì, davanti a tutti gli invitati. Sapevo che lei provava la stessa cosa e una parte di me non vedeva l'ora che se ne andassero tutti!

La sorella e il cognato di Melissa furono gli ultimi. Erano le 21:30. Avevamo trascorso quasi sei ore insieme per organizzare quella cena dall'inizio alla fine, e ogni fase della preparazione era stata divertente e coinvolgente. Non c'era stato nemmeno un attimo di tensione, disagio o imbarazzo, e lei si stava addirittura abituando a Peety. A volte non riconosci la normalità finché non la provi, e in quei momenti capisci che quel che ritenevi normale in passato era molto inferiore a ciò che volevi davvero.

Melissa era una delle persone più piacevoli che avessi mai incontrato e alla fine di quella cena sapevo che volevo passare con lei più tempo possibile. Quando chiudemmo la porta, ci appoggiammo entrambi alla parete dell'entrata ed emettemmo un grande sospiro, poi ridemmo per la sincronicità.

«Sono stanchissima!» disse.

«Sì, ma è una bella stanchezza.»

«Direi di sì», concordò.

Non potevo aspettare un attimo di più. Poggiai la destra sulla parete sopra la sua spalla, mi avvicinai e la baciai con dolcezza. Era perfetto. La guardai negli occhi, lei mi prese il collo e mi tirò a sé per un secondo bacio. Poi ci abbracciammo e all'improvviso sentii la sua bocca aprirsi vicino al mio orecchio ed emettere un grande sbadiglio.

«Oh, scusa. Non è colpa tua, te lo giuro», disse ridendo. «Forse dovremmo sederci.»

Annuì.

Le presi la mano nella mia e ci fermammo di fronte alla cucina a osservare il disastro di piatti, pentole e padelle sporche sparse sul piano di lavoro, come i resti di una battaglia campale. Peety si avvicinò e lei gli diede una pacca sulla testa. Forse non era consapevole di quel che faceva, ma ero contento. Sbadigliai anch'io e risi: «O cavoli, puliamo adesso prima di sederci e non alzarci più?»

Melissa ci pensò un attimo appoggiando la testa sulla mia spalla: «No, no: puliamo domani mattina».

19

In viaggio

Dopo quella prima notte insieme, io e Melissa diventammo inseparabili. Nel giro di una settimana lasciava che Peety si accoccolasse al suo fianco sul divano mentre guardavamo un film, e lo accarezzava per tutto il tempo. Ormai la paura era passata. La nostra relazione crebbe lentamente, almeno in base agli standard odierni. Dopo un mese mi fece conoscere i figli, uno alla volta. Prima Joey, che aveva sei anni. «Quello calmo e facile», disse. Anche lui era terrorizzato dai cani, ma gli presentammo Peety come si deve e in men che non si dica era inginocchiato a terra che lo accarezzava sul collo. Credo che l'esempio della madre lo aiutò a superare in fretta la paura. Joey era un bravo bambino che aveva preso tutto da sua madre: era pieno di energia, luce e risate. Melissa aspettò qualche giorno in più per presentarmi l'altro figlio, Michael, perché aveva paura: era un ragazzino autistico in età preadolescenziale. Mi disse che i suoi ex avevano avuto qualche difficoltà con lui, perché poteva alterarsi su certe cose, o chiudersi e mantenere un comportamento asociale. In tutta onestà, visto quel che ero stato in passato, non avevo alcun timore. Melissa mi piaceva davvero, e sentivo di poter fare tutto, un passo alla volta. Inoltre avevo con me Peety il rompighiaccio, il mio portale verso il mondo.

Michael si affezionò a Peety fin dal primo giorno e divennero come fratelli. Gli piacevano già i cani e ne aveva sempre desiderato uno. Si sdraiava a terra a fare la lotta mentre lui gli leccava la faccia. Quel magnifico rapporto servì da collante per tutti.

Melissa non era ancora pronta a farsi leccare la faccia, persino dopo un mese o due, ma Peety faceva del suo meglio per farsi accettare. A volte, quando lei e Michael erano sul divano, lui si sdraiava su di loro, bloccandoli con il suo peso finché non soddisfacevano la sua richiesta di coccole e attenzione. Ci legavamo ogni giorno di più, finché arrivò il momento in cui separarci divenne una seccatura: ogni volta che se ne andavano dal mio appartamento ci sentivamo a disagio. «Forse dovremmo vivere insieme?» le dissi un giorno.

«Forse sì.»

E così, Melissa e i ragazzi si trasferirono da noi: all'improvviso io e Peety avevamo una famiglia. Condividendo i miei *smoothies* a colazione e le cene vegetali la sera, e i due giri quotidiani con Peety, Melissa iniziò a perdere peso senza nemmeno provarci. La prima volta che scoprì di aver perso due chili era così entusiasta che decise di convertirsi del tutto: rinunciò al cibo spazzatura e iniziò a mangiare solo quello che cucinavo io. Smise di mangiare snack e qualsiasi cibo confezionato. In pratica, seguì la stessa dieta che aveva funzionato per me, e iniziò addirittura a portare in giro Peety quando io ero via per lavoro.

Continuavo a darle lezioni di cucina e imparò quel che serviva per preparare piatti deliziosi per sé e per i figli. Quando riuscì a usare le spezie per insaporire gli ingredienti più insipidi, anche Joey e Mike si appassionarono alla nostra cucina. Ogni volta che potevamo, mangiavamo insieme i nostri piatti integrali e vegetali, seduti al tavolo da pranzo come una vera famiglia.

Dopo pochi mesi, eravamo diventati una famiglia in tutto e per tutto: lavoro, scuola, cene, bimbi a giocare con gli amici, gite in campagna o al mare. Peety era felicissimo. Aveva tantissimo amore da dare, e finalmente c'erano tre persone in più che ricambiavano.

Seguendo il mio stesso programma, in meno di un anno Melissa scese da novantacinque a sessanta chili. Era bellissima. Un giorno andammo a fare compere e tornò a casa sentendosi davvero sexy. Portò fuori Peety e i ragazzi a giocare a pallone, e si divertì un sacco. Il nostro amore era sempre più forte.

Ma a un certo punto qualcosa cambiò. Da quando si era rimessa in forma e viveva una vita sana, Melissa aveva scoperto la libertà, e voleva godersela. Vedeva il mondo con occhi nuovi e voleva anche farlo da un altro posto. Decise di cambiare lavoro, ma le aziende che la attiravano non erano nella nostra regione. Era pronta a trasferirsi per cominciare una nuova vita, diceva. L'idea non mi piaceva affatto. Avevo messo anima e cuore nel rinnovare il mio appartamento, e mi ero costruito una vita con Peety lì dove eravamo. Le chiesi di non precipitare le cose: «Prenditi un po' di tempo. Forse avremo voglia entrambi di cambiare città tra un po', perché tanta fretta?» Eravamo felici e avevamo una bella casa. Pensavo mi capisse. Invece un giorno mi disse che le avevano offerto un posto: a Seattle.

«Be' se è questa la tua decisione… io non sono pronto a trasferirmi.»

All'improvviso tutto quello che avevamo costruito mi sembrò un sogno, come se avessi vissuto dentro una bolla, in una di quelle palle di vetro con la neve, e mi ritrovassi di colpo fuori, a guardare dall'esterno la vita di un tempo. Nessun appiglio, nessuna possibilità di rientrare.

Poche settimane dopo, da quel vetro immaginario guardai Melissa e i ragazzi che mettevano la loro roba negli scatoloni. Li aiutai a caricarli su un furgone dei traslochi. Non ci lasciammo. Non facemmo nulla. Speravo che cambiasse idea. Disse che mi avrebbe chiamato durante il lungo viaggio verso nord. La baciai, la abbracciai, la salutai con le lacrime agli occhi mentre pensavo: Che diavolo sta succedendo?

A volte, per quanto siamo vicini a qualcuno, per quanto questa persona è importante per noi, non sappiamo che cosa pensa davvero, cosa prova, che cosa le si agita dentro. Ognuno di noi è nel proprio viaggio. Seguiamo i nostri programmi mentali, dal nostro punto di vista, e a volte è impossibile capire che posto abbiamo in questo mondo incasinato.

Quella sera cenai per terra con Peety, di nuovo soli, nel nostro bellissimo e desolatamente vuoto appartamento.

Melissa chiamò la sera successiva per dirmi che lei e i ragazzi stavano bene. Erano in un motel vicino al confine con l'Oregon. La ringraziai per la telefonata e le dissi: «Ti amo».

«Anch'io ti amo.»

Poi piansi fino ad addormentarmi, stringendo Peety fra le braccia e pensando all'errore madornale che avevo appena commesso. La mattina dopo la richiamai e le dissi che ero stato uno stupido e che volevo seguirla: «Stare qui non ha senso, vivere qui non significa niente senza di te».

Pianse: «Mio Dio, Eric, sono felice, sono felicissima: non voglio andare via senza di te. I ragazzi sono tristi, gli manca Peety, e anche a me manca, e mi manchi tu».

Posato il telefono, mi attivai subito per vendere l'appartamento. Avevo già pensato di cambiare lavoro e un'azienda mi aveva offerto di trasferirmi ovunque avessi voluto. Li chiamai e mi confermarono che Seattle andava bene. Accettai e mi licenziai dalla vecchia ditta.

Poi feci due conti e vidi che, combinando i nostri redditi, io e Melissa potevamo permetterci di affittare un grande appartamento a Seattle. Ne trovai uno in un lussuoso palazzo del centro, con un bel panorama sui cantieri navali della città, nonché una palestra, una piscina e la portineria. Seattle era molto meno cara della Bay Area, e in più lo Stato di Washington non prevede alcuna tassa sul reddito, per cui in pratica avrei ottenuto un «aumento» di quasi il venti percento solo trasferendomi lì. Che sciocco ero stato a non accogliere la proposta di Melissa fin dall'inizio!

Il mio appartamento di San Jose sembrava uscito da una rivista di arredamento, e ricevetti un'offerta dopo appena una settimana. Lo vendetti bene e il mio nuovo datore di lavoro si fece carico del trasloco per mano di una ditta specializzata. Decisi quindi di fare una cosa che non avevo mai fatto in vita mia: anziché raggiungere direttamente Seattle in autostrada e riprendere subito a lavorare, avrei fatto un viaggio di piacere con Peety. Mi ritagliai una settimana di vacanza e pianificai un percorso lungo la costa occidentale. Io e Peety in strada, con tutto il tempo per fermarci nei punti panoramici e nelle peggiori trappole per turisti disseminate fra San Jose e Seattle. Era una decisione impulsiva, e un po' pazza, ma sarebbe stato bellissimo.

Per come la vedevo, io e Peety avevamo ancora parecchi anni da recuperare, quindi ci meritavamo di vedere il mondo e ammirarne le bellezze, e di farlo con i nostri tempi. Mi ero già ripromesso di portarlo dove la maggior parte dei cani è esclusa: era ora tenere fede alla promessa.

Studiai Google Maps e tracciai un itinerario di massima. Avremmo seguito la costa dalla California settentrionale allo Stato di Washington. Spulciai i siti di viaggi per individuare le tappe più interessanti, poi cercai i ristoranti e caffè vegani lungo la strada e li segnai sulla mappa. Era un'informazione solo indicativa, ma almeno sapevo che più o meno ovunque avremmo potuto mangiare bene.

Quindi partimmo e attraversammo il Golden Gate, solo per fermarci poco dopo a Sausalito per il nostro primo pranzo vegano in un localino del posto. La sensazione era che con quel viaggio io e Peety abbandonavamo la vecchia vita per andare incontro a una nuova. Tutto sapeva di pace e libertà. Era la metà di ottobre, il cielo era azzurro e limpido e non faceva più troppo caldo. Per certi versi era un viaggio di rinascita.

La strada offre molto tempo per riflettere, e una delle cose cui pensai attraversando la contea di Marin era che non avrei mai fatto nulla del genere da solo, così come non ero mai andato al cinema da solo, né mi piaceva cenare al ristorante da solo. Un tempo avrei preso la I-5 e raggiunto Seattle in meno di due giorni senza pensarci due volte. La presenza di un compagno di viaggio, invece, mi permetteva di fare quelle cose per lui. Volevo mostrare a Peety le meraviglie che avremmo incontrato lungo la strada: ero il suo autista personale, potrei dire, che però si godeva anche lui il viaggio.

Non avevamo percorso molta strada quando decisi di fare una prima deviazione. Anziché puntare dritti per la costa, volevo visitare la famosa terra dei vini della California, la Napa Valley. Non è molto lontana da San Francisco, eppure non ci ero mai stato, per cui fu una specie di rito di passaggio, come l'attraversamento del Golden Gate a piedi o la visita ad Alcatraz. Oltretutto non sapevo se e quando sarei ripassato da quelle parti, una volta trasferito a Seattle, per cui accantonai ogni remora e dissi: «Figliolo, andiamo ad assaggiare un po' di vino». Puntammo a est e arrivammo a Napa appena in tempo per prendere l'ultimo tour ferroviario della valle. Ignoravo l'esistenza di un «treno del vino»: avevamo semplicemente seguito le indicazioni dall'autostrada, per curiosità, ed eravamo finiti di fronte a una stazione ferroviaria d'altri tempi. Offrivano un giro di andata e ritorno su un vecchio treno con vagone ristorante, che avrebbe fatto un paio di fermate per visitare altrettante aziende vinicole. «Il menù prevede piatti vegani?» chiesi.

«La scelta è limitata, però sì: vegani, vegetariani, senza glutine... basta chiedere al cameriere.» Il tour era un po' caro ma pensai: Perché no? Facciamolo.

«Presumo che sia un cane da assistenza?» chiese l'addetto.

«Certo che sì.»

Io e Peety ci mettemmo in coda con una fila di turisti provenienti da tutto il mondo, alcuni dei quali avevano preso il biglietto con mesi di anticipo. Ne avevo trovato uno all'ultimo momento solo perché non ero in coppia (almeno non con un essere umano).

Così Peety salì su un treno per la prima volta in vita sua. Si stese sotto il tavolino mentre il motore si avviava sbuffando e le ruote si mettevano in moto. Attraversammo una campagna stupenda, che ospita alcune delle aziende vinicole più famose al mondo. Le opzioni vegane erano pochissime, non sufficienti a saziarmi, il che mi sapeva di fregatura visto il prezzo del tour, ma non mi indispettii. D'altronde, come potevo irritarmi mentre assaggiavo i deliziosi vini del posto con lo stomaco mezzo vuoto? Il treno si fermò e scendemmo per la prima visita. Entrammo in un mondo di ricchezza e sapori in cui, ne ero certo, pochi cani erano passati prima di allora.

Ammirammo le file di botti di rovere in cui invecchia il vino e annusammo l'odore pungente del mosto in fermentazione, mentre la guida sciorinava una serie di informazioni che avremmo subito scordato. Alla fine del giro evitai di comprare una cassa o di sottoscrivere un abbonamento con consegna a domicilio, ma non rifiutai nessun assaggio. Salimmo quindi su un pullman per raggiungere un'altra azienda, dove rifacemmo tutto da capo, ma in un ambiente molto più moderno del primo. Era pieno di botti di acciaio e c'era un lussuoso negozio alla fine, gestito dall'estroverso proprietario di origini francesi. Assaggiai altro vino e questa volta comprai una bottiglia da regalare a Melissa. Il pullman ci riportò al treno per il rientro e questa volta c'era un posto libero di fianco a me, per cui Peety montò sul sedile e guardò fuori del finestrino come un vero gentleman per tutta la durata del viaggio. Stava ormai facendo buio, e dopo tutti quegli assaggi decisi di fermarmi in città per la notte. Non avevamo fatto tanta strada, ma avevamo già trascorso una giornata indimenticabile. Era un ottimo inizio.

La mattina successiva riprendemmo il viaggio verso nord lungo la Highway 101, e poco dopo entrammo nella regione delle sequoie. Decisi di concederci un altro giro in treno nella foresta, questa volta dietro una grossa locomotiva nera che sbuffava nuvole di vapore. Ci portò nel fitto del bosco, dove scendemmo per passeggiare fra quegli alberi maestosi. Peety era felicissimo. C'era un odore fantastico e l'aria era pulitissima. Era un ambiente magico, quasi mi aspettavo di vedere uno gnomo spuntare dal fitto dei cespugli da un momento all'altro. Prima di rimontare a bordo per il rientro, mi accovacciai, presi la testa di Peety e gliela girai verso il cielo: «Guarda su, ragazzo, guarda quanto sono alti.»

Riprendemmo il viaggio lungo la Redwood Highway, che seguiva un percorso tortuoso attraverso la foresta, verso l'oceano e la US Route 1. All'improvviso il paesaggio cambiò, da monti e foreste a campagna coltivata e ondeggianti distese di piuma delle pampas che scintillavano sotto il sole autunnale. Quando ci stancavamo, trovavamo un motel e dormivamo; se avevamo fame, cercavamo il ristorante vegano più vicino e mangiavamo. Avevo anche una borsa di cibo in auto, ma mangiavamo quasi sempre fuori, io al tavolo e Peety sotto. Se vedevamo un bel posto, ci fermavamo ad ammirare il paesaggio; quando incontrammo un cartello che diceva «Drive-Thru Tree!», spendemmo cinque dollari per passare in automobile sotto un albero forato. A un certo punto arrivammo al parcheggio di un parco a tema chiamato «Trees of Mystery» (Alberi del mistero), ma decidemmo di saltare il giro in funivia fra gli alberi. Invece ci prendemmo il tempo per osservare le gigantesche statue di Paul Bunyan e Babe the Blue Ox mentre Peety faceva i suoi bisogni.

Ci fermammo in piccoli villaggi di cui non ricorderò mai il nome, e visitammo negozi pieni di oggetti strampalati. Guardammo le onde schiantarsi contro le rocce e ammirammo ogni singolo tramonto. La costa californiana a nord di San Francisco è lunghissima. Se si presta fede ai film o a quel che insegnano a scuola, si immagina che il confine settentrionale della California sia poco sopra la Napa Valley, invece è ben oltre. Facemmo una sosta a Santa Rosa, solo per rendere omaggio al luogo di nascita di Amy's Kitchen, che da una piccola idea è diventata una delle maggiori aziende di alimenti biologici al mondo. Passammo la notte in un albergo vicino a Ukiah e poi entrammo in Oregon puntando verso Eugene, dov'è nato il fenomeno del jogging. Lì c'è il quartier generale della Nike, e lì la corsa è diventata un passatempo di massa. Trascorremmo una bella giornata in città, e portai Peety su uno dei percorsi podistici del posto, anche se non amava correre, solo la soddisfazione di esserci stato. Quel pomeriggio, poi, ci fermammo al Cornbread Café, un *diner* americano come tanti altri, tranne che per una caratteristica: il menù è completamente vegano. Servono i piatti tipici delle tavole calde, ma senza carne o latticini. Il cibo è così gustoso che il posto è finito anche sul programma del ristoratore Guy Fieri, *Diners, Drive-Ins and Dives*, che di solito presenta locali da grigliate e hamburger da un chilo.

Nel giro di poco tempo raggiungemmo il confine dello Stato di Washington. Peety era un po' giù di corda nell'ultima parte del viaggio: forse aveva intuito che non saremmo più tornati a casa, o forse gli mancavano Melissa e i bambini; o magari era triste perché il viaggio era quasi finito. Forse anche i cani hanno periodi in cui riflettono profondamente, come noi umani; non so. So però che durante quel viaggio passai molto tempo a riflettere su tutte le cose che avevamo fatto insieme negli ultimi quattro anni. Le nostre vite erano cambiate radicalmente.

Magari era solo stanco di viaggiare, come me. Ero pronto ad andare a casa, la nostra nuova casa, e ricominciare una nuova vita in una nuova città. Quante cose da esplorare e da scoprire... Mi chiesi se per certi versi quel viaggio non sarebbe mai terminato, se le nostre vite si sarebbero trasformate in un'avventura senza fine. Di una cosa ero certo: volevo fare tutto il possibile perché la nuova casa fosse un luogo comodo e accogliente per lui, il posto migliore della sua vita.

20

Diretti a casa

LA vita al quattordicesimo piano era fantastica, per me e per Peety. Lui aveva il suo angolino di erba fra le nuvole ed era felice di aver ritrovato la sua famiglia, così come lo ero io.

Harbor Steps era una delle abitazioni più belle in cui avessi mai vissuto. Era al centro di tutto, praticamente attaccata allo storico mercato di Pike Place, con i suoi banchi stracolmi ogni giorno di prodotti freschi, e al magnifico lungomare; si trovava praticamente di fronte al Seattle Art Museum e a pochi passi da ottimi ristoranti (c'erano tre caffè solo nel nostro isolato). C'era una piscina con idromassaggio, una sala da biliardo, una biblioteca, una palestra, un campo da basket al coperto e un cortile con una fontana, dove io e Peety di tanto in tanto andavamo per un pic-nic rilassante. Melissa lavorava in un palazzo dall'altro lato della strada, per cui pranzavamo insieme quando lavoravo da casa.

Non lontano c'era un supermercato biologico, e pochi chilometri fuori città avevamo scoperto un'oasi chiamata Green Lake Park: un bellissimo lago circondato da tre chilometri e mezzo di percorsi, vicino a una grande area recintata dove si potevano tenere liberi i cani. Non lontano c'era il *Wayward Café*, un locale che offriva varie prelibatezze vegane, un po' come il *Cornbread Café* di Eugene, solo che era tre volte più grande e aveva un menù ancora più variegato. Scoprii presto che Seattle è una delle città più amiche dei cani di tutto il Paese, e la più amica dei vegani che avessi visto, a parte Berkeley. Forse cinofilia e veganismo andavano a braccetto. Inoltre quasi tutti i corridori che incontravo avevano un cane; ovunque guardassi, vedevo cani e gente sana.

Seattle fu davvero un nuovo inizio per me. Tutto mi sembrava nuovo, e mi piaceva vivere vicino all'acqua. I bambini erano contenti di abitare in un quartiere turistico, vicino all'*Hard Rock Cafe* e alla Seattle Great Wheel, la gigantesca ruota panoramica che rivaleggia con quella di Londra. E ovviamente c'era anche lo Space Needle, la famosa torre futuristica simbolo della città. Visitammo tutti quei luoghi, non solo con i ragazzi, ma anche con Peety: il mio cane salì fino in cielo e ammirò la città dall'alto di quei punti panoramici creati dall'uomo.

Trovai anche una spiaggetta lungo un sentiero dove andavo a correre, in cui Peety poteva bagnarsi in tutta sicurezza nelle acque dello Stretto di Puget. Altre volte aveva l'occasione di sguazzare nel lago e spaventare le anatre. Aveva tutte le distrazioni che un cane potrebbe mai desiderare a portata di zampa. Persino i portieri dello stabile si innamorarono di lui e lo salutavano sempre con un grande sorriso, o qualche gustosa sorpresina. Ovviamente tenemmo viva la nostra tradizione di un giro al mattino e uno al pomeriggio, a prescindere dagli altri impegni. Mangiare sano e uscire mezzoretta due volte al giorno erano la routine che rendeva possibile tutto il resto. Non l'avremmo mai dimenticato, né io né Peety.

Il nuovo lavoro era più impegnativo, però, e mi obbligava viaggiare più di prima. La mia area di vendite era più vasta, il che significava più trasferte in aereo. Mi scocciava non portare Peety con me nei miei viaggi, e a volte mi rimproveravo per non averlo abituato ad aeroporti e aeroplani. Sul treno si era comportato benissimo, per cui forse i miei timori circa i voli erano immotivati, ma mi sembrava un po' tardi per provare. Inoltre non avevo più avuto altri attacchi (anche se la preoccupazione non era scomparsa del tutto), nonostante corressi più che mai e avessi completato più maratone di prima. Con ogni probabilità ero al sicuro anche senza di lui.

Inoltre ero contento di lasciarlo con Melissa e i ragazzi. Loro lo adoravano e lui era al settimo cielo quando aveva tutta la famiglia intorno a sé. Il vantaggio per me era che al rientro ricevevo una splendida accoglienza. Appena sentiva le chiavi nella toppa, Peety si precipitava alla porta per salutarmi con una serie di frenetici salti in aria.

Un giorno, però, tornai a casa da un viaggio e notai che non saltava. Era corso verso di me e aveva girato in tondo, eccitato come sempre, ma non saltava. Quella sera, a letto, chiesi a Melissa: «Peety ti sembra un po' cambiato?»

«Che vuoi dire?»

Le spiegai e disse: «Be', ora che ci penso cammina un po' più piano, durante i giretti».

«Davvero?» Io non ci avevo fatto caso.

«Sì, un pochino. Non so, però, forse mi sbaglio.»

«Mm...» Non ero preoccupato: mangiava bene e non mostrava segni di malattia o lesioni. Era a posto con tutti i richiami. L'ultima volta che eravamo andati dal veterinario, poco prima di lasciare San Jose, ossia quattro o cinque mesi prima, andava tutto bene. A Seattle avevamo un servizio di toelettatura a domicilio che lo teneva sempre in ordine, e nemmeno loro avevano osservato qualcosa di anormale.

«Forse sta solo invecchiando», dissi.

«Quanti anni ha adesso?» chiese Melissa.

«Non te lo dico.»

«Oh, come non mi hai detto che avevi *cinquantaquattro* anni quando ci siamo conosciuti?»

Risi.

«Sì, molto divertente...»

«Tu me ne davi quarantatré!» dissi fra le risate.

«Ma va, volevo solo dare una pompatina al tuo ego. Pensavo che ne avessi più di sessanta», replicò scherzando.

«Oh, davvero?»

«Sì!»

«Oh, davvero?!» ripetei afferrandola e facendole il solletico, mentre Peety gemeva ai piedi del letto.

«Basta! Devo andare a lavorare domattina. Dai, dormi, anche Peety è stanco.»

«Va bene, va bene.»

Spensi le luci e al buio le dissi: «Ha dodici anni, forse quasi tredici. Ne aveva circa sette quando l'ho preso per cui, sì, almeno dodici.»

«Mm... Be', buonanotte.»

«Buonanotte. Buonanotte, Peety.»

Un paio di settimane dopo, verso la metà di marzo, portai Peety a fare un giro nel quartiere a tarda sera. Fu allora che mi accorsi che camminava un po' più lentamente del solito e che mi salvò in maniera spettacolare da un mendicante aggressivo. Due giorni dopo partii per un viaggio di lavoro. Dovevo andare a Dallas a una fiera del settore. La prima sera ricevetti una telefonata di Melissa.

«Eric, Peety ha qualcosa che non va», disse con voce tremula.

«Cioè?»

«Sta male, non mangia, quasi non si alza, nemmeno con Michael.»

«Oh no. È qualcosa che ha mangiato? Si è infilato da qualche parte in giro?»

«Non so. Non sembra lui.»

«Ti ricordi il problema con i germogli?»

Prima di lasciare San Jose avevo provato a far crescere i germogli in casa; ero sempre alla ricerca di cibi freschi e nutrienti. Un giorno Peety aveva squarciato un pacchetto di semi di broccoli biologici e se n'era mangiati almeno una tazza, e la mattina seguente gli era venuta la diarrea vicino al ruscello nel Penitencia Creek Park; diverse settimane dopo erano nati un sacco di broccoli in quel punto. Per ridere dicevamo che Peety non aveva solo piantato i broccoli, ma li aveva anche fertilizzati!

«No, non credo sia nulla di simile», disse Melissa. «Non ho trovato buste strappate o aperte, nulla.» Il fatto che non avesse riso al ricordo dell'episodio dei broccoli mi fece pensare che fosse una cosa seria.

«Portalo dal veterinario», dissi.

«È tardi, sono chiusi.»

«Be', portalo domani mattina presto, oppure chiama un veterinario di emergenza. Non ti preoccupare dei soldi.»

«Okay, ti faccio sapere.»

«Va bene, dagli un bacio da parte mia.»

Il giorno successivo avevo diversi appuntamenti. Melissa mi messaggiò dicendo che il veterinario voleva tenere Peety sotto osservazione per tutta la notte. Pensai di anticipare il rientro, ma quella sera avevo una cena importante al *Gaylord Texan*, un grande albergo di lusso. Avevo appena iniziato a lavorare per quell'azienda per cui non mi sembrava opportuno saltare l'evento perché il mio cane stava male. Melissa concordava: «Tanto non potresti fare nulla. Ripasso io domani mattina».

Verso la fine della cena, ricevetti un messaggio della banca che mi allertava di una grossa somma addebitata sulla mia carta di credito. Era il veterinario con una spesa di milleottocento dollari. Chiamai Melissa mentre tornavo in camera, e mi disse che avevano fatto una serie di esami, inclusa una risonanza magnetica, e che avremmo avuto i risultati il giorno dopo.

La mattina successiva ero a una colazione di lavoro quando il telefono squillò. Era Melissa. Mi scusai con i commensali e mi appartai: «Ehi come va, come sta Peety?»

Melissa piangeva: «Devi tornare a casa, Eric. Non sta bene, non sta affatto bene».

«Che vuoi dire? Cos'ha?»

«Hanno detto... Hanno trovato una massa enorme sulla milza.»

Mi sentii mancare e dovetti appoggiarmi alla parete: «Cosa?»

«Quasi non riesce a camminare. Ci hanno aiutato a metterlo in macchina e il povero Michael ha dovuto tirarlo fuori e portarlo in casa, Eric. Non si muove. Non ha toccato acqua né cibo.»

«Aspetta: lo hanno mandato a casa?»

«Sì, Eric. Dicono che qualunque cosa sia è troppo grande e…»

«E cosa?»

«Pensano che non ce la farà.»

«Cosa?» Iniziai a piangere. Qualcuno aprì la porta del ristorante e il frastuono delle chiacchiere e delle posate sui piatti mi assordò. «Stagli vicino, okay? Prenditi cura di lui. Sono sicuro che si sbagliano. Ne sono certo. Vedo se trovo un volo per tornare oggi stesso.»

«Provaci caro, per favore. Non ce la faccio da sola, non posso.»

«Digli che arrivo il prima possibile. Diglielo, che capisce. Okay? Diglielo.» Trovai un volo nel pomeriggio ma prevedeva uno scalo. Il secondo volo era in ritardo e l'attesa era devastante. Volevo urlare. Arrivai a Seattle che era già sera. Dissi al tassista di fare in fretta. Aprii la porta aspettandomi il rumore di Peety che correva a salutarmi. Non lo fece. «C'è nessuno?»

«Qui», disse Michael.

Lo raggiunsi sul balcone: era steso a terra abbracciato a Peety, su un bel giaciglio di coperte impilate. Melissa uscì dalla camera da letto: «Joey dorme. È stato sveglio tutta la notte, ieri».

Lo vidi a letto dietro di lei. Peety non si alzò, non sollevò nemmeno la testa. Mi guardò con i suoi occhioni e persi il controllo: crollai sulle ginocchia e scoppiai a piangere come un bambino.

«Peety, che succede figliolo?» dissi baciandolo in fronte.

«Che succede, ragazzo?» Michael si mise a sedere mentre mi sdraiavo e stringevo forte il mio cane.

«Ha mangiato qualcosa?» chiesi.

«No», rispose Melissa.

«Niente?»

«Non ha nemmeno bevuto. Bagniamo un asciugamano e glielo strizziamo in bocca. Abbiamo provato a dargli dell'acqua con un cucchiaio: all'inizio beve e poi smette. Adesso sono ore che non vuole nulla. Abbiamo tentato di tutto.»

«Il veterinario ha richiamato?»

«No. L'ho chiamato io ma sembra che i risultati non siano ancora arrivati. Il fax era rotto, non so... Sono completamente disorganizzati.»

«Cosa?»

«Non sanno cosa fare. Hai visto quanto hanno addebitato?»

«Sì, ma non mi importa dei soldi...» Non volevo discutere, né arrabbiarmi, volevo solo che il mio ragazzo guarisse. «Non hanno detto cosa fare?»

«Mi hanno dato il numero di un centro di assistenza per animali in fin di vita, Eric. È l'unica cosa che mi hanno dato.» Mi mancava il respiro. Feci un paio di respiri profondi e provai a ragionare: doveva esserci qualcos'altro che potevamo fare. In quel momento notai quanto Peety respirasse lentamente e superficialmente.

«Mio Dio, sono qui con te, ragazzo. Sono qui. Com'è potuto succedere, così all'improvviso?»

«Non lo so», disse Michael.

Joey si mise a sedere sul letto: «Peety sta bene?»

«Non lo so, caro, non lo so.»

«Lo abbiamo portato sul balcone perché è da non so quanto che non fa i bisogni, ma non ci riesce; non riesce ad alzarsi. Volevo fargli respirare un po' di aria fresca, quindi sono rimasto qui con lui», disse Michael.

«Hai fatto bene, Michael, hai fatto benissimo.»

L'aria però era un po' fredda, per cui decidemmo di riportarlo in camera. Afferrai il bordo delle coperte e lo trascinai di fianco al letto. Mi stesi, stanco per il viaggio e la tensione. Lasciai penzolare un braccio per continuare ad accarezzarlo. Melissa era al mio fianco, mentre Joey e Michael erano ambedue stesi a terra con le braccia su Peety.

«Non posso crederci. Perché è successo? Perché proprio adesso? Perché?» Peety gemette e io ricominciai a piangere.

«Spegniamo la luce?» disse Melissa.

«Sì, è una buona idea. Abbiamo tutti bisogno di riposare.»

Lei si alzò a spegnere la luce, e Peety emise un mugolio diverso da qualsiasi verso avesse mai fatto.

«Che c'è ragazzo? Che c'è?»

Melissa riaccese e lui smise. Lo coccolammo tutti insieme finché non si calmò, ma quando Melissa provò a spegnere, ricominciò.

«Okay, lasciala accesa», dissi.

Scesi dal letto e lo abbracciai: «Proviamo a spegnere e a lasciare accesa quella del bagno.»

238

Quella soluzione gli dava conforto. Peety voleva vedere, non voleva restare solo.

«Come vorrei poter fare qualcosa», dissi.

«Anch'io», replicò Michael.

«E anch'io», aggiunse Joey.

Melissa chiese ai figli di venire a letto a riposarsi un poco. Io restai a fianco di Peety, canticchiando per lui la mia canzone preferita di John Lennon: «Now it's time to say good night, good night, sleep tight. Now the sun turns out his light, good night, sleep tight» [Adesso è ora di dire buonanotte, buonanotte, dormi bene. Ora il sole spegne la sua luce, buonanotte, dormi bene].

Gli restai vicino per tutta la notte. Aveva il respiro sempre più affannoso e ogni tanto emetteva un grosso sospiro. A tratti mi addormentavo e poi mi svegliavo di soprassalto, per accertarmi che fosse ancora tra noi. Ogni volta che lo facevo, lui mi guardava, e puntualmente scoppiavo a piangere.

Superò la notte, ma il respiro era sempre più faticoso. Melissa chiamò il centro per gli animali allo stadio terminale. Volevamo sapere se c'era un modo per accudirlo meglio. Ci dissero che un addetto sarebbe passato entro un paio d'ore. I ragazzi saltarono la scuola e Melissa si mise in malattia. Io non chiamai nemmeno: non volevo abbandonare Peety neanche un secondo.

«Dai, almeno bevi qualcosa, stirati le gambe. Sei stato lì tutta la notte», disse Melissa.

«Stai tu con lui?»

«Certo.» Lei e i ragazzi si stesero a terra posando le mani sulla schiena di Peety. Andai prima in bagno e poi a prendere un bicchiere d'acqua. Tornai in camera, mi rimisi a terra e lo grattai dietro le orecchie. Lui mi guardò dritto negli occhi.

«Va tutto bene, ragazzo, sono qui.» Qualche secondo dopo esalò un lungo respiro, il corpo ebbe un fremito e lo spirito lo lasciò. Vidi la luce nei suoi occhi spegnersi. Fu un istante carico di pace. Non avevo mai visto un animale morire, prima di allora, e sul momento mi sentii sollevato che non fosse stato doloroso, almeno in apparenza. Ero grato di essere stato con lui e che fosse circondato dalle persone che amava e che lo amavano.

Durò solo un attimo, però, poi la consapevolezza di quel che era successo mi investì: il mio cane, il mio ragazzo, il mio figliolo, il mio cuore; il mio Peety. Se n'era andato.

21

Una nuova speranza

CIRCA un'ora dopo, un signore gentile bussò alla porta, trascinando un carrello dietro di sé. Era molto compassionevole e ci chiese se volessimo le ceneri di Peety e se avevamo previsto una sepoltura. Rifiutai entrambe le possibilità. Poi con un po' di creta prese un calco delle zampe, per creare una targa commemorativa. In seguito sarei stato contentissimo di averla, ma in quel momento quei riti funebri mi sembrarono sciocchi. Nessun memoriale poteva riflettere o rendere onore a Peety, a quel che aveva fatto e a ciò che aveva rappresentato per me; nulla.

Dopo aver avviluppato il corpo e averlo sistemato sul carrello, il signore andò via. Quel cadavere non era più Peety; Peety se n'era già andato prima: lo avevo visto con il miei occhi. Il signore chiuse la porta dietro di sé con delicatezza: abbassò la maniglia prima di chiuderla, in modo da non fare rumore. Apprezzai quel gesto.

Sedemmo nella tremenda quiete dell'appartamento, ritirandoci su una sedia, il divano o un letto; sgranocchiando qualche frutto o noce; guardando con gli occhi socchiusi i giochi di luce sulle acque dello Stretto di Puget; fissando l'angolino di erba vuoto, che ormai aveva perso il suo scopo di stare così in alto nei cieli.

Quella sera i ragazzi piansero entrambi e così Melissa. Io no; mi sentivo vuoto e avevo esaurito le lacrime. Dopo la mia prima notte insonne, provai una morsa acidula allo stomaco, che non sentivo da quasi cinque anni. La mattina i ragazzi andarono a scuola e Melissa al lavoro. Io rimasi solo in casa. E mangiai. Prima il riso avanzato, poi tutta la frutta e le noci. Un'ora dopo avevo di nuovo fame. Non volevo parlare di Peety con nessuno, quindi, prima che i ragazzi rientrassero, uscii. Lasciai un biglietto per avvisare che non sapevo a che ora sarei rientrato.

Vagai per il centro di Seattle. Camminai e camminai, senza nessuna meta in particolare. Mi fermai in un localino messicano e ordinai un taco vegetariano su tortilla di mais. Era buonissimo, per cui ne presi altri sei. Non mi importavano le possibili ripercussioni sul mio corpo. Ripresi a camminare, ma sentivo ancora la stretta allo stomaco, per cui entrai in un minimarket e uscii con due confezioni di gelato Coconut Bliss, uno dei tanti prodotti vegani che si possono trovare casualmente in mezzo ai cibi spazzatura americani. Le finii entrambe. Mi fermai all'*Hard Rock Cafe*. Mi piaceva la musica ad alto volume. Sedetti al bar da solo e ordinai del bourbon. Ne ingollai più di quanto avessi fatto quando ero sotto le armi in Germania. Bevvi in silenzio finché il barista mi disse basta. Girai l'angolo barcollando, sentii l'accelerazione improvvisa dell'ascensore, uscii al quattordicesimo piano, aprii la porta di casa e fui accolto dal buio pesto. Crollai a letto.

«Dio, Eric. Puzzi!» disse Melissa.

Brontolai qualcosa, poi persi conoscenza.

Quando mi svegliai, la stretta allo stomaco era ancora lì. Volevo levarmela. Non avevo voglia di carne o altri cibi troppo lontani dalla dieta che avevo seguivo per cinque anni. Non avrei disonorato la memoria di Peety in quel modo. Di sicuro non avrei abbandonato il versante etico della mia scelta alimentare; mai. Ma quello salutista? Non sapevo se contava ancora qualcosa. Mangiai e mangiai. In un ristorante thailandese, da solo in un angolo, divorai tre piatti, ciascuno dei quali era previsto per quattro persone. Il cameriere si mise a ridere: «Wow! Tu fame!»

Non sorrisi nemmeno: «Sì, ho fame».

Un paio di giorni dopo tornai al lavoro. Feci in modo di viaggiare più del solito, per mangiare e bere negli aeroporti. A casa, Melissa era come un'estranea; mi sentivo slegato dai suoi figli, ero irritato dai capricci di Michael, che in passato quasi non notavo. Passarono tre mesi ma il dolore non diminuì. Poi, all'improvviso, le cose cambiarono. Il contratto di locazione scadde e ci arrivò il rinnovo con un aumento di oltre mille dollari al mese. Era troppo. Melissa guadagnava bene, ma non abbastanza per coprire la differenza, e le mie vendite erano in calo netto da quando Peety era morto, per cui non avevamo scelta se non traslocare. Trovammo un posto economico in periferia, piccolo e dozzinale. Ci stringemmo e imparammo a vivere senza tutte le comodità che puoi permetterti quando hai i soldi. Ora Melissa era lontana dal lavoro, per cui fu costretta a comprarsi un'auto. L'ulteriore pressione economica la irritava spesso.

«Quasi tutti in questo Paese devono avere una macchina per andare al lavoro, Melissa. Non è una cosa pazzesca o insolita», le dicevo. Lei però si lamentava continuamente: per il traffico, la benzina, il costo esorbitante dell'assicurazione. Chissà perché, ma era tutta colpa mia. La differenza di età divenne palese. Ero un compagno penoso senza Peety, questo lo ammettevo. Non avevo voglia di socializzare, volevo solo lavorare e starmene in casa. Non riuscivo ad affrontare il mondo senza di lui e pensavo che Melissa mi capisse. Invece no: insisteva perché uscissi, o perché invitassimo degli amici a casa.

«Uscire? Cosa vuol dire?» le dissi una volta con cattiveria.

Se ne andò infuriata, per passare una serata in città con alcuni colleghi. Io non volevo più saperne di serate in giro. *Sono troppo vecchio per queste cavolate.*

Passarono sei mesi, nebbiosi, confusi, in cui misi su fra i nove e i tredici chili, a seconda della bilancia che usavo. Iniziavo a stare male: mi venivano delle fitte al petto, forse dovute ai reflussi acidi. Lo presi come un segnale e mi feci un check-up. *Forse è ora di uscire da questo pantano.*

Presi appuntamento con un medico che non avevo mai incontrato. Quando entrai nel suo studio al Virginia Mason Hospital di Seattle, vidi una cosa che mi lasciò di sasso. Vicino al computer della segretaria, fissata alla parete divisoria della sua postazione di lavoro, c'era la fotografia di un cane quasi identico a Peety.

«È il suo?» chiesi.

«Era, sì. Se n'è andata un paio di anni fa.»

«Mi spiace.».

«Grazie, era fantastica.»

«Ci credo, ne avevo uno simile.»

«Davvero?»

«Un maschio, Peety. L'ho perso pochi mesi fa e non riesco a riprendermi.»

«Mi spiace tantissimo. Neanch'io, non del tutto. Non so se ce la farò mai.»

«Però ha ricominciato a vivere, giusto? Perché io ce la faccio a malapena. Come ha fatto? Com'è ritornata alla normalità?»

«Ho preso un altro cane. Mi ha aiutato». Mi mostrò una foto; non somigliava per niente a Peety.

«Oh, io non credo di poterlo fare.»

«Lasci passare un po' di tempo. Se teneva così tanto al suo cane, allora sentirà quando è il momento di prenderne un altro. A dire il vero, funziona al contrario: quando c'è un cane che ti sta cercando, lo senti.»

«Cioè?»

«Quando il tuo nuovo cane è in giro che ti cerca, lo senti. Il vecchio cane ti aiuterà a trovarlo.»

Sentii un brivido lungo il corpo. Era una delle conversazioni più strane che avessi mai avuto. Chi era quella donna?

Nei giorni successivi non riuscivo a dimenticarla. Me n'ero andato senza nemmeno chiederle il nome, ma l'idea che là fuori ci fosse un cane che mi cercava continuava a girarmi in testa.

Ne parlai a Melissa, che mi suggerì di fare un giro dei canili per vedere se c'era un cane che mi «stava cercando». Chiarì che lei non aveva voglia di prendere un altro animale, ma sapeva che me ne sarei occupato soprattutto io, e voleva aiutarmi. Girammo tutti i rifugi dello stato. Vedemmo alcuni cani davvero belli, ma non sentivo una connessione immediata con nessuno di loro: nessuno era «il mio cane», nessuno sembrava cercarmi. Mi resi conto dell'unicità del processo di adozione della Humane Society Silicon Valley. In nessun rifugio incontrammo una figura come Casaundra e quasi tutti mi lasciavano scegliere il cane che preferivo. Senza di lei non avrei mai scelto Peety, nonostante fosse quello ideale per me.

Nelle due settimane successive passai di tanto in tanto dai canili, con la vaga speranza di incontrare il cane che mi cercava, ma alla fine mi sentii uno sciocco. *Perché ho dato retta a quella donna?* A casa passavo il mio tempo sul divano e sentivo la mancanza del muso di Peety sul grembo. Mi mancava il calore della pelliccia sui piedi mentre facevo colazione; mi mancava la sua presenza sul sedile posteriore quando guidavo. Non facevo più passeggiate la mattina e la sera. Non sapevo dove andare, senza di lui.

Poi, un giorno, mi alzai presto per partecipare a una «dieci chilometri» organizzata dalla Seattle Marathon Association. Avevo praticamente smesso di correre, ma mi ero iscritto alla gara diversi mesi prima e non volevo rinunciarvi. Non che mi fosse costata tanto, però non mi andava di buttare via i soldi né di mancare a un impegno. Oltretutto erano solo dieci chilometri: potevo farli a occhi chiusi.

Quindi gareggiai, anche se ero fuori forma e con il quindici percento di peso corporeo in più, e arrivai fino al traguardo. Avevo appena iniziato a riprendere fiato con le mani poggiate sulle ginocchia quando percepii una sensazione sconosciuta: c'era un cane che mi cercava. Lo sentii chiaramente, come il pulsare che sentivo nelle ginocchia e nei piedi. Saltai in macchina e raggiunsi il canile più vicino, quello della Seattle Humane Society.

Non era un complesso moderno come quello della HSSV. C'era un cartello che annunciava la costruzione di una nuova struttura, ma nel frattempo il rifugio era ospitato in un basso edificio di cemento armato, ricoperto da una mano di bianco. Era circondato da alberi e aveva un parcheggio minuscolo, e file di gabbie piene di cani che abbaiavano. All'ingresso mi colpì l'odore pungente del disinfettante e mi affrettai a uscire nel cortile retrostante, fra l'edificio principale e le gabbie. Non parlai a nessuno, né chiesi aiuto, ma andai dritto a una costruzione con un cartello che diceva: «Per adozioni». Aprii la porta ed entrai in un lungo corridoio affiancato da una fila di gabbie su ciascun lato. Guardai nella prima a sinistra, poi in quella di destra. Andai avanti e nella seconda gabbia a sinistra lo trovai: un labrador retriever nero, magro, alto, giovane, sano, robusto e con gli occhi dolcissimi. Tutti gli altri cani erano agitati e abbaiavano all'impazzata, ma lui no. Era fermo, sicuro di sé e mi fissava come se mi conoscesse, dritto negli occhi, come a dire: «Ehi amico, perché ci hai messo così tanto? Andiamocene da qui!» A differenza di tutte le altre gabbie, sulla sua non c'era nessuna scheda informativa. Non sapevo come si chiamasse e non c'era nessun volontario in giro, ma non volevo rischiare che qualcun altro lo prendesse. Raggiunsi la porta sul cortile, la socchiusi appena e urlai alla prima persona che vidi: «Ehi, può aiutarmi qui?»

La ragazza si avvicinò.

«Mi interessa questo cane.»

«Willy? Okay, caspita, lo abbiamo appena portato qui, quattro minuti fa. Non ho avuto nemmeno il tempo di stampare la sua scheda. Aspetti un attimo che vado a prenderla.»

Willy? Quel nome non gli si addiceva affatto. Quando tornò le chiesi: «Perché Willy? È il nome con cui è arrivato?»

«No, era un randagio. Lo hanno catturato. Viveva in strada, niente collare, niente microchip, quindi lo hanno tenuto per quattordici giorni, messo annunci in zona, ma nessuno è venuto a reclamarlo. Allora lo hanno ripulito, castrato e portato qui stamattina. A uno di noi ispirava il nome 'Willy'. Vuoi conoscerlo un po'?»

«Sì, se è possibile.»

Lo fece uscire dalla gabbia e ci condusse verso un'area recintata dall'altra parte del cortile in cui c'era una panca, un gioco di corda e una palla di gomma. Appena ci lasciò soli, Willy venne da me e mi appoggiò il muso sulle gambe, proprio come era solito fare Peety. Lo grattai dietro le orecchie, mentre continuava a fissarmi dritto negli occhi, quasi implorandomi di portarlo via da lì. Presi in mano la corda e lui giocò subito. Prima gliela feci girare in alto sulla testa e la seguì senza perderla mai di vista, poi saltò e la afferrò tenendola stretta nella mascella; tirai fino a staccargli le zampe anteriori da terra.

«Okay, molla», dissi infine, e la lasciò all'istante.

«Seduto», dissi, e si sedette.

«Giù», e si stese a terra. Non era un randagio. Lanciai la palla e subito corse e me la riportò. Dovetti faticare per staccargliela dalla bocca, ma poi si sedette e mi abbaiò come a dire: Dai, lancia di nuovo! Quel cane era fantastico! Non capivo: era addestrato, in forma, bellissimo. Che qualcuno l'avesse abbandonato nei boschi? Gli feci una foto con il telefono e la mandai a Melissa. «Ho trovato il mio cane, che ne pensi?», scrissi.

«Be', è il tuo cane», fu la risposta.

«Certo, lo so, ma tu che ne pensi?»

«A me sta bene. Fai come ti pare.»

Che delusione: non mi ero mai sentito così sconnesso da lei come in quel momento. Ero sulla soglia di una decisione importantissima, avevo infine trovato il mio tesoro dopo un viaggio lungo e difficile, mi sentivo pronto a riprendere la vita, e sembrava che a lei non ne importasse nulla. Una parte di me si chiese quanto saremmo durati ancora insieme.

«Allora, come va?» La voce della volontaria mi sorprese mentre mettevo via il telefono.

«Benissimo, direi. Tu che ne pensi ragazzo?» Willy inclinò la testa di lato e mi fissò un attimo, poi mi appoggiò la testa sulle ginocchia. «Andiamo a casa?»

«Bau!» rispose alzandosi e mettendosi a girare in tondo davanti al cancello, impaziente di filare via. La segretaria del dottore aveva ragione: lì c'era lo zampino di Peety. Mi aveva aiutato a trovare quel cane, e aveva aiutato quel cane a trovare me. Dopo aver firmato qualche documento portai fuori Willy, che saltò in auto come se tornassimo a casa dopo una passeggiata. Sedette sui sedili posteriori e durante il tragitto provò a passare davanti una volta sola. In quel caso bastò alzare il braccio e dire: «No, seduto, ragazzo, seduto», perché si accucciasse e restasse fermo per il resto del tempo. Mentre guidavo, pensavo a un nuovo nome da dargli, ma non mi veniva in mente nulla.

A casa i ragazzi erano eccitatissimi dalla novità e lo abbracciarono. Lui li lasciò fare senza problemi.

«Pensavo di chiamarlo Luther», dissi.

«Cosa?!» gridò Michael.

«No!» disse Joey.

«Secondo me si chiama Jake», aggiunse Michael.

«Jake?»

«Sì, Jake. Come quell'altro cane che conoscevo.»

«Oh», dissi, guardando Melissa in cerca di delucidazioni, ma lei si limitò ad alzare le spalle. «Be', ci penserò.»

«No! Si chiama Jake. Si chiama Jake», insistette Michael.

In realtà mi piaceva Jake. Mi sarebbe piaciuto conoscere la storia di «quell'altro cane», ma Michael non ha mai voluto raccontarmela.

«Jake… Okay, Jake sia.»

La sua corporatura mi faceva pensare alla corsa. Lo immaginai nei boschi mentre cacciava le prede per sopravvivere, chissà per quanto tempo, dopo che l'avevano abbandonato, e pensai che forse avrei potuto portarlo a correre con me. La mattina successiva mi svegliai presto, allacciai le scarpe da ginnastica e lo portai in uno dei miei percorsi preferiti, un anello di circa sette chilometri immerso nel verde del Bridle Trails Park di Kirkland. Volevo iniziare piano, così, se non gli fosse piaciuto, almeno ci saremmo fatti una bella passeggiata. Mentre raggiungevamo camminando l'inizio del percorso, Jake strattonava per inseguire gli scoiattoli; tirava così forte che quasi mi staccava il braccio dalla spalla. Ottimo, pensai, il mio piano non funzionerà mai.

Non appena iniziammo a correre, però, smise di tirare e mi rimase al fianco, senza deviare dal percorso e ignorando gli scoiattoli che incrociavamo. Superammo altri corridori e non abbaiò, poi passammo un altro corridore con un cane e lui tentò di annusarlo, ma bastò tirare un po' il guinzaglio perché si rimettesse al mio fianco. Finimmo il giro senza intoppi.

«Bravo ragazzo, bravo Jake!» dissi accovacciandomi per coccolarlo e guardarlo negli occhi.

«Bau!» rispose, puntando verso il percorso, come se volesse farlo di nuovo.

«No, no, per oggi basta. Iniziamo con calma, okay? Più avanti faremo di più.» Tornai a casa e feci qualche ricerca sulla corsa e i cani. Scoprii un mondo sconosciuto, e che i labrador sono ottimi corridori, in grado di coprire molti chilometri con facilità. Temevo che una corsa lunga danneggiasse zampe o articolazioni, invece lessi vari articoli di veterinari e appassionati secondo cui certi cani sarebbero in grado di completare una maratona se adeguatamente allenati, proprio come gli esseri umani. Esistevano addirittura alcune gare speciali per cani e padroni, cui avremmo potuto partecipare una volta pronti. Mentre navigavo, Jake restò accoccolato al mio fianco sul divano. Era incredibile il legame che avevamo sviluppato dopo un solo giorno insieme. Grattandogli la testa ripensai a Peety, e provai tristezza. Speravo che non si sentisse tradito perché avevo trovato un altro cane. A quel punto Jake mi guardò in un modo familiare, con uno sguardo di cui solo i cani sono capaci: quello dell'amore incondizionato; come se io, nel mio stato semidepresso, leggermente fuori forma e un po' in sovrappeso, fossi comunque la persona migliore del mondo, solo perché lo avevo portato a casa con me e avevo deciso di condividere la mia vita con lui. In quel momento, sentii che Peety era lì con noi. Non solo gli stava bene che avessi trovato un altro cane, ma era contento, perché l'ultima cosa che voleva era vedermi triste.

***

Ci avevo visto giusto riguardo alla mia relazione con Melissa. Era infelice, e un giorno mi disse che non voleva più stare con me. Mi chiese di andarmene, con Jake. I ragazzi non sembravano sorpresi, credo se lo aspettassero. Non so, in ogni caso speravo che la separazione non li avrebbe fatti soffrire in alcun modo. Forse avevamo fatto le cose troppo in fretta; forse avremmo dovuto andarci più cauti, prendere in considerazione la differenza di età e renderci conto che non eravamo compatibili nel lungo periodo. È comunque difficile non giudicare con il senno di poi, quando una storia finisce.

Di sicuro ero felicissimo di avere Jake in quel momento, perché trasferirmi in un altro appartamento da solo sarebbe stato molto più difficile senza il mio nuovo compagno. Andavamo a correre ogni giorno. Dopo una visita dal veterinario, lo sottoposi a una dieta vegetale ricca di proteine, e nel giro di poco tempo divenne più muscoloso e iniziò a correre come un campione. La sua presenza aveva reso di nuovo completa la mia vita e decisi di rendere omaggio a questo fatto in ogni modo possibile: sarei diventato un vero animalista e avrei dimostrato il mio amore per gli animali in tutte le mie scelte di vita. In occasione del trasloco, regalai tutto il mobilio in pelle che avevo. Diedi via anche tutte le scarpe di cuoio e gli stivali da cowboy a un negozio gestito da un ente di beneficienza, e mi comprai una serie di nuove calzature prive di materiali di origine animale, fra cui un elegante paio di scarpe fabbricato con copertoni riciclati (tutti rimangono sorpresi quando lo dico, perché sembrano davvero di cuoio). Smisi anche di usare le cinture di pelle e buttai via il vecchio portafoglio. Da allora faccio attenzione a non acquistare saponi o prodotti per l'igiene provenienti da aziende che eseguono test sugli animali.

Ero diventato un vegano agguerrito e volevo che ogni aspetto della mia vita riflettesse questa scelta, che era basata sulla bontà. Addestrai Jake perché diventasse il mio cane da assistenza, proprio come Peety prima di lui, e decisi di portarmelo ovunque. Mi spiaceva aver lasciato Peety a casa durante i viaggi di lavoro, e rimpiangevo ogni singolo minuto che avevo passato senza di lui. Non volevo avere gli stessi rimpianti con Jake, per cui, quando arrivò il momento di andare in trasferta, lo portai con me sull'aereo. Si accovacciò ai miei piedi e non disturbò nessuno, anzi fece sorridere tutti: bambini con il broncio e mamme snervate, uomini d'affari accigliati e assistenti di volo affaticate; nessuno poteva fare a meno di sorridere alla vista di quel bellissimo cane con tanto di targhetta da assistenza.

Vivere appieno ciò in cui credo mi ha reso più gentile. Esprimere la passione per le cause che ritengo importanti, dedicarmi alla corsa e al cibo sano mi hanno reso più felice che mai e, per quanto strano possa sembrare, dedicarmi a queste cause, donare il mio tempo e il mio denaro per far sì che il mondo diventi un posto migliore, più gentile e più altruista, mi ha restituito più amore e generosità di quanto avrei mai creduto. Oggi sono persino un venditore migliore, e il merito è quasi tutto di Peety, e ora di Jake.

Proprio come Peety, anche Jake è un canale di comunicazione, un motivo per conversare con gli sconosciuti, per sorridere e uscire dal mio guscio. In due mesi ero ritornato sugli ottanta chili, e sebbene mi mancasse Peety, avevo scoperto che potevo essere felice anche senza di lui. A quel punto ho capito che io e i cani siamo fatti per stare insieme.

Un giorno, mentre correvo nel bosco con Jake, promisi a me stesso che non sarei mai più rimasto senza un cane in vita mia, succeda quel che succeda. Peety era arrivato al momento giusto per donarmi il suo amore incondizionato, e con la sua presenza mi aveva salvato da me stesso. Poi, quando ero di nuovo disperato, era arrivato Jake. C'è stato un tempo in cui avrei liquidato il tutto come una coincidenza, o magari un capriccio della fortuna, ma ora so che non è così. Al mondo ci sono milioni di cani che aspettano di essere salvati e milioni di persone che hanno bisogno di essere salvate. A volte, quando corro con Jake e ho il sole in fronte e il vento alle spalle, chiudo gli occhi e ripenso a Peety. Lo vedo, come se ce l'avessi davanti, che salta in aria tutto eccitato, che gira in tondo davanti alla porta, impaziente di uscire; che mi guarda con quello sguardo che mi ricorderà per sempre quanto è importante la mia presenza. E poi penso a tutti i cani che sono là fuori, in attesa di qualcuno con cui camminare.

A volte immagino quanto sarebbe diverso il mondo se più persone si aprissero al miracolo che si sperimenta attraverso il legame e l'amore incondizionato di un cane salvato. Forse Dio ci ha donato tutti questi cani per un motivo. Non posso esserne certo e, chiariamoci, non voglio convincere nessuno a credere in Dio, non è il mio compito, ma dopo tutto quello che ho visto e vissuto, per me il messaggio è chiarissimo. Qualcuno lassù vuole farci sapere che nessuno, per quanto incasinato o stanco di vivere sia, è costretto a camminare da solo.

Postfazione

CIRCA un anno e mezzo dopo la morte di Peety, i miei amici della Humane Society Silicon Valley mi chiesero di girare un video. Negli anni ero rimasto in contatto con Casaundra e gli altri e li avevo tenuti al corrente di quel che Peety faceva per me. Stavano lanciando una nuova iniziativa chiamata Mutual Rescue (mutuo soccorso), per dimostrare che salvando un animale spesso si salva anche il padrone, e avevano deciso che un breve video era il mezzo migliore per diffondere il messaggio.

I filmmaker dello studio Advocate Creative di Chicago mi intervistarono nel corso di due giorni e fecero anche delle bellissime riprese dall'alto di me che correvo fra i boschi. Poi se ne andarono, e non avevo un'idea precisa di cosa avrebbero fatto con quello che avevano girato. Ingaggiarono un artista per realizzare alcune sequenze animate di me e Peety, e un bel giorno misero il risultato su Internet. Rimasi strabiliato. Il corto si intitola *Eric & Peety. A Mutual Rescue Film*, e racconta la storia di noi due meglio di come avrei mai immaginato. Ecco infine una commemorazione che gli rendeva onore! Ero colmo di gratitudine, ma a quel punto accadde una cosa ancora più straordinaria: il video divenne virale. Il *San Francisco Chronicle* lo postò sulla sua pagina Facebook, dove presto divenne la notizia principale; nel giro di poche ore era stato visualizzato oltre un milione di volte. Dopo un mese aveva raggiunto trenta milioni di visualizzazioni, ed era stato apprezzato e condiviso da tantissime persone. Era stato ripreso da altri siti e pagine Facebook, e presto si era diffuso in tutta la rete a livello globale. Oggi ha superato i cento milioni di visualizzazioni, ma non è finita lì. La storia di Peety si è diffusa e ha portato a innumerevoli articoli e richieste di interventi, a un'apparizione all'interno del programma televisivo *The Rachael Ray Show*, e infine a questo libro.

Un video di sei minuti mi ha cambiato la vita. E ha cambiato pure quella di Jake, che è diventato una celebrità con tanto di fan. Proprio come il suo predecessore, anche lui adora le attenzioni. È un miracolo che Peety sia riuscito a toccare così tante persone in tutto il mondo anche senza essere più fra di noi, e ogni giorno mi meraviglio per come continua a influenzare la mia vita in modi che oltrepassano la mia immaginazione. Commossi dalla sua storia, tanti mi hanno contattato raccontandomi i loro aneddoti di cani «miracolosi» e le loro battaglie personali per dimagrire e tornare in salute. Secondo alcuni, il film illustra la capacità dei cani di amare e suscitare l'amore nel prossimo, mentre per altri dimostra l'importanza di mantenersi sani, e la possibilità che abbiamo di cambiare in meglio il nostro corpo. Ad altri ancora il film è servito da ispirazione, per salvare un cane e cominciare a trasformare la propria vita. Sono grato per ogni messaggio che ho ricevuto, ma in particolare per questo: un giorno mi ha contattato la precedente padrona di Peety, quella che lo aveva ceduto alla HSSV. Anche se il nome era diverso, si era accorta che il cane del video era identico al suo Raider. Dopo aver rivisto il filmato più volte, mi aveva scritto. Ero felicissimo di conoscerla.

Innanzitutto le confermai che Peety era effettivamente Raider. Mi chiese di elaborare quel che si narra nel film e di raccontarle gli ultimi giorni di vita di Peety. Le narrai del suo gesto eroico, quando era balzato in aria per salvarmi da un mendicante aggressivo.

«È sempre stato iperprotettivo nei confronti delle mie bimbe», disse.

«Mi chiedevo dove avesse imparato a saltare così in alto. Gli facevate fare gare di frisbee o roba del genere?»

«No, niente del genere», rispose, poi si interruppe un attimo. «Cioè, non è niente di che, come storia. Lo tenevamo in un cortile chiuso da una staccionata di legno, sarà stata alta un paio di metri, e ogni volta che si fermava un'auto nel vialetto, oppure passava il postino, o i bambini tornavano a casa, lui saltava su e giù per vedere chi era. Saltava, vedeva per una frazione di secondo e poi ricadeva giù, quindi risaltava e così via, come se fosse su un trampolino.»

«Allora è così che ha sviluppato i muscoli delle zampe.»

«Sì», disse, e poi scoppiò a piangere. «Mi sento così in colpa adesso, capisci? Lui voleva solo stare con un essere umano.» Immaginai Peety rinchiuso in un cortile, e piansi anch'io. Poi le dissi: «Bene, spero tu sappia che hai fatto la cosa giusta portandolo in canile. Era circondato di persone che lo amavano e che si sono prese cura di lui fin dall'inizio.

Lo hanno dato in affido perché non restasse in gabbia e poi lo hanno abbinato a me, e io ci sono stato per lui ogni giorno, come lui c'è stato sempre per me». Poi le raccontai alcune delle nostre avventure, come il viaggio a Seattle, la gita in treno, la visita allo Space Needle. «Ha vissuto davvero bene negli ultimi anni.»

Sospirò e smise di piangere: «Sono felice, molto felice di quel che mi hai detto. Non sai quanto mi sono sentita in colpa...»

«Be', ora basta, d'accordo? Hai fatto la cosa giusta. Ti ringrazio. Voglio dire, quel che si vede nel film è tutto vero. Mi ha salvato la vita, seriamente, e forse non sarebbe mai successo se tu non l'avessi portato al canile; quindi non solo hai aiutato lui, ma hai aiutato anche me.»

Parlare con quella donna, trovare risposta ad alcuni interrogativi sulla vita precedente di Peety, permetterle di condividere il suo senso di colpa... tutto questo è stato un dono che non avrei mai immaginato di ricevere.

E i doni non smettono di arrivare. Nell'autunno del 2016 ricevetti una e-mail da una persona che non sentivo da quando avevo diciassette anni: Jaye, il mio primo amore, quella che mi aveva amato per com'ero, quand'ero solo un adolescente un po' goffo. Un giorno aveva visto il video su Internet ed era rimasta di sasso. Aveva pianto, scriveva. Si era sempre chiesta che cosa ne fosse stato di me, e mi aveva anche cercato, per un certo periodo. Anch'io l'avevo cercata per anni, e speravo di rivederla, un giorno o l'altro. Ormai mi dava per morto, finché non aveva visto il video. Nel messaggio c'era anche il suo numero di telefono: «Se ti interessa incontrare di nuovo una vecchia amica, sarò felicissima di rispondere». La chiamai all'istante. Fu bellissimo udire la sua voce. Scoprii che aveva due figli grandi e che, come me, aveva avuto diverse disavventure nella vita e superato periodi difficili. Negli ultimi quarant'anni avevamo entrambi vagato nel deserto.

Parlare con lei però era facile e naturale, come quando eravamo ragazzini. Dopo la prima telefonata ne seguì un'altra, poi un'altra ancora e così via. Spostammo i nostri appuntamenti e prenotammo un biglietto aereo per incontrarci il prima impossibile. Quando finalmente ci rivedemmo di persona, ci abbracciammo per quella che sembrò un'eternità. Era come se il tempo non fosse mai passato. Certo, esteriormente eravamo entrambi invecchiati, ma l'attrazione che provavamo l'uno per l'altra era giovane come sempre. La scintilla era ancora accesa. Volevamo entrambi una relazione senza fine. Avevamo attraversato abbastanza esperienze e ricevuto abbastanza lezioni dalla vita per esprimere la versione migliore di noi stessi. Era ora di emergere dai gusci in cui ci eravamo rintanati tanto tempo prima; ed eravamo entrambi pronti ad accogliere l'amore che potevamo donarci a vicenda. Dopo poche settimane, e con l'approvazione di Jake, Jaye fece le valigie e si trasferì dall'altro capo del Paese per vivere con me. Due mesi dopo, concordammo che vivere insieme non era sufficiente, per cui andammo alle Hawaii e ci sposammo. Dopo quarant'anni alla ricerca dell'amore ideale, era stato Peety a farci incontrare. Avevo lasciato che mi guidasse, e mi aveva guidato fino al mio primo amore, l'amore della mia vita.

Persino da morto, continuava a fare miracoli. Era stato il mio portale di accesso al mondo, il mio ponte, la mia guida, e oggi continua a guidarmi. Mi fido di lui ciecamente, non ho alcuna ragione per non farlo. Per questo, fintanto che questo nostro viaggio continuerà a dispiegarsi, lo seguirò ovunque mi condurrà.

So che qualche lettore lo troverà sciocco, ma sono assolutamente convinto di una cosa: Dio ci manda degli angeli nella vita, ma non sempre sotto forma di esseri umani.

Ringraziamenti

LA mia storia non sarebbe stata possibile senza l'aiuto di molte persone stupende che mi hanno aiutato a trasformarmi da un essere triste, dimenticato e moribondo nell'uomo allegro, soddisfatto e in forma che sono oggi. Oltre a quelle menzionate nel libro, desidero ringraziare le seguenti persone dal profondo del cuore. Ognuno di voi mi ha ispirato a scrivere questo libro, e la vostra generosità e saggezza hanno fatto di me un uomo migliore.

Carol Novello, Finnegan Dowling, Casaundra Cruz e tutto il personale e i volontari della Humane Society Silicon Valley: grazie per quel che fate per dare una casa accogliente agli animali abbandonati, e in particolare per aver aiutato Peety e aver divulgato la nostra storia.

Melissa e Carlos Murillo di San Jose: grazie per il vostro altruismo nell'ospitare animali abbandonati e con esigenze particolari, e in particolare per aver tenuto Peety in affido finché non ha trovato me.

Dottoressa Preeti Kulkarni, medico naturopata, della Core Integrative Health di Cupertino: grazie per avermi salvato la vita, diagnosticando accuratamente la causa fondamentale dei miei problemi di salute, e per aver illuminato il mio cammino verso la salute.

Timi e John Sobrato: grazie per la generosità e la gentilezza che avete dimostrato sponsorizzando il video *Eric & Peety*, che ha poi portato a questo libro.

David Whitman, vicepresidente della Mutual Rescue™: grazie per lo sviluppo del concept del film; e tutta la squadra della Advocate Creative di Chicago: grazie per aver ricordato Peety con la vostra straordinaria creatività e il vostro talento di cineasti e illustratori.

Michelle Taylor Cehn, Lindsay Dadko e Margaret Kaye Curtis della comunità vegan della San Francisco Bay Area: grazie per la vostra amicizia e per avermi ispirato con il vostro coraggio e la vostra compassione per gli animali.

Vicki Araujo, Meghan Newell, Marcia Duong, Vinh Ngo, Albert Pham, Debbie Simms, Tina Le, Cynthia Lim e tutti gli amici dei gruppi Bay Area Runners, RunningAddicts e Go Far Run Group: grazie per l'amicizia e per avermi introdotto allo sport del fondo e ai fantastici percorsi podistici della California del Nord.

Chef Philip Gelb di Oakland: grazie per avermi insegnato le tecniche culinarie necessarie per preparare una sinfonia di piatti internazionali, gustosi e fragranti, usando solo ingredienti vegetali e integrali.

Lynda Nguyen-Le di San Jose: grazie per aver aiutato un vecchietto con esigenze particolari a superare le lezioni di scienze al De Anza College; non ce l'avrei mai fatta senza il tuo aiuto.

Craig Cracchiolo della GE Appliances e Mark Collier della Whirlpool Corporation: grazie per essere i dirigenti più razionali e umani per cui abbia mai lavorato.

Kent Wolf (il mio agente), Mark Dagostino (coautore e mentore letterario) e Karen Murgolo (la mia editor): Dio vi benedica per aver scommesso su di me e aver dato vita alla mia storia.

Dottor Howard Jacobson, conduttore del *Plant Yourself Podcast* e coautore di *Whole, Vegetale e Integrale* del dottor T. Colin Campbell, e di *Proteinaholic* del dottor Garth Davis: grazie per i consigli tecnici sulla scienza della nutrizione.

Mia moglie Jaye e mia madre Susan: grazie per l'amore e il sostegno che mi avete dato.

Consigli e risorse

La mia storia vi ha ispirato? Volete stare meglio e raggiungere i risultati descritti in questo libro? Se è così, fatevi coraggio e continuate a leggere, perché è più facile di quel che pensate.

Quando l'ho rincontrata nel settembre del 2016, la mia ex fidanzata delle superiori, Jaye (che oggi è mia moglie), pesava 89 chili e vestiva una taglia 52. Otto mesi dopo, nell'aprile del 2017, era scesa a 54 chili. Come ha fatto a perdere oltre 35 chili in così poco tempo? Oltretutto con le vacanze natalizie e dieci giorni di luna di miele sull'isola di Maui in mezzo... Seguendo il programma che ha funzionato per me. Jaye sostiene che il cambiamento è stato relativamente facile sotto la mia supervisione, e non solo è contentissima di essere dimagrita, ma sta meglio di come sia mai stata in vita sua. Vorrei che chiunque potesse provare questa sensazione! E so che è possibile, perché l'ho sperimentato in prima persona.

Tutto inizia con una decisione, un impegno a diventare la migliore versione possibile di voi stessi. Chiudete gli occhi e provate a visualizzare come vorreste essere, fisicamente ed emotivamente; come vi vedete? Ora dedicatevi a diventare così. Cosa dovete fare per trasformarvi? Sarà difficile senza un aiuto. Vi serve una squadra di supporto. Iniziate con una visita dal vostro medico curante o un naturopata certificato. Assicuratevi che sia a favore del veganismo e chiedetegli un check-up completo, prima di iniziare a seguire un'alimentazione sana abbinata a un'attività fisica moderata.

Lo scopo dell'esame iniziale è valutare il vostro stato di salute attuale e avere un dato da confrontare con i risultati successivi, per toccare con mano i miglioramenti e ispirare altri a fare altrettanto. Inoltre, scattatevi qualche foto adesso, per paragonarle a quelle che vi farete dopo; e tenete traccia del vostro peso, misurandolo una volta la settimana, per seguire i progressi e mantenere viva la motivazione. Impegnatevi a cambiare stile di vita adottando una dieta sana e svolgendo un'attività fisica quotidiana. Non dovete certo scalare l'Everest! Si possono perdere cinquanta chili (o più) in un anno (o meno), solo adottando un'alimentazione senza olio e a base di cibi naturali e vegetali (leggete, guardate e seguite i consigli delle risorse elencate di seguito) e camminando per mezz'ora due volte al giorno. Non servono attività estreme, e in poco tempo sarete più sani e felici che mai.

Potreste anche voler aggiungere un membro alla vostra squadra di supporto. Dopo la visita medica, valutate la possibilità di adottare un cane abbandonato. Non è una decisione da prendere alla leggera, è un impegno che dura nel tempo. Un cane è come un nuovo membro della famiglia, ha bisogno di attenzioni e affetto, e dovete essere pronti a coprire i costi del cibo e del veterinario. Se siete decisi, parlate con il personale del rifugio e prendetevi tutto il tempo che serve per individuare quello più idoneo a voi. Diventerà un elemento fondamentale della vostra squadra di supporto, il vostro migliore amico e compagno di allenamento. Un altro consiglio: adottate un cane adulto o adolescente, piuttosto che un cucciolo: un padrone senza esperienza che adotta un cucciolo è come un genitore senza esperienza che adotta un bimbo di due anni. È probabile che un cane adulto sia ormai educato e abbia superato la fase in cui rovina scarpe e mobili, e soprattutto che si renda conto di essere stato salvato, e quindi vi veda come la persona più importante del mondo fino alla fine dei suoi giorni. È difficile provare una fedeltà e un amore incondizionato maggiori di quelli che trasmette un cane salvato.

Un cane vi aiuterà a seguire il vostro programma e vi terrà compagnia durante l'attività fisica. Vi obbligherà a uscire anche quando non ne avrete voglia. Le passeggiate servono non solo come esercizio, ma anche a ridurre gli ormoni della fame, per cui tenderete a mangiare meno e a saziarvi più in fretta.

Infine, siate consapevoli che vivrete scivoloni e giorni avversi, ma ripromettetevi fin da ora di riprendere il programma il prima possibile. Nessuno arriva al traguardo senza superare gli ostacoli presenti sul proprio cammino.

Le seguenti risorse mi hanno aiutato ad adottare lo stile di vita che ho seguito per dimagrire, e i suggerimenti che ho raccolto da queste stesse risorse continuano oggi a supportarmi nel mantenere lo stesso peso e stato di forma (sono passati sei anni). Non aspettate oltre: se guardate questi video e leggete questi libri adesso, adottando una dieta integrale e vegetale senza olio, magari facendovi accompagnare in questo viaggio da uno splendido cucciolo, fra un anno sarete la persona che avete sempre sognato di essere!

Naturalmente, per ulteriori indicazioni e suggerimenti potete visitare il mio sito ericandpeety.com.

Risorse consigliate

Documentari
Cowspiracy: un documentario che denuncia il devastante impatto dell'allevamento intensivo sull'ambiente, e indaga le politiche delle organizzazioni ambientaliste in merito.

Forchette contro coltelli (titolo originale *Forks Over Knives*): il primo documentario sulla necessità imprescindibile di adottare un'alimentazione integrale e vegetale.

PlantPure Nation: dagli autori di *Forchette contro coltelli*, un documentario che segue la storia di tre persone intenzionate a divulgare una delle maggiori scoperte di tutti i tempi nel campo della salute.

What the Health: attraverso interviste a contadini, medici e altri esperti, questo film sottolinea i pericoli per la salute della moderna dieta basata sugli alimenti prodotti dalle compagnie interessate esclusivamente al profitto.

Libri
Michael Greger, Gene Stone, *Sei quel che mangi. Il cibo che salva la vita*, Baldini & Castoldi, Milano 2016. Il miglior saggio che

spiega come la dieta vegetale allunghi la vita e riduca i rischio di patologie prevenibili, fra le quali il tumore, l'obesità e il diabete. Comprende una guida di facile consultazione ai cibi che allungano la vita.

John A. McDougall, Mary McDougall, *La Starch Solution. Mangia il cibo che ami, ritrova la salute e perdi peso per sempre!*, Edizioni Sonda, Casale Monferrato 2017. Un manuale completo sulla pratica della dieta vegetale. Mangiate il cibo che amate, ritrovate la salute e perdete peso per sempre.

Del Sroufe, *Forks Over Knives: The Cookbook. Over 300 Recipes for Plant-Based Eating All Through the Year*, The Experiment, New York 2012. Una straordinaria raccolta di ricette, che usano ingredienti comuni e richiedono meno di mezz'ora l'una: la prova di come la dieta vegetale e integrale non sia caratterizzata dalle rinunce ma dall'abbondanza.

Gene Stone, *La rivoluzione della forchetta vegan: una dieta di cibi vegetali può salvarti la vita!*, Macro Edizioni, Cesena 2013.

Rip Esselstyn, *The Engine 2 Seven-day Rescue Diet. Eat Plants, Lose Weight, Save Your Health*, Grand Central Publishing, New York 2016. Il seguito della serie bestseller *Engine 2 Diet*, questo testo è il perfetto punto di inizio per abbassare il colesterolo, la glicemia e la pressione, e per dimagrire in soli sette giorni.

Rip Esselstyn, Jane Esselstyn, *The Engine 2 Cookbook*, Grand Central Publishing, New York 2018. Il primo libro illustrato di Rip e Jane Esselstyn per introdurre i lettori alla dieta dell'Engine 2 (la squadra dei vigili del fuoco in cui Rip Esselstyn lavorava), con centotrenta ricette a base di vegetali.

Benessere degli animali

Guardate il video *Eric & Peety*, scoprite di più sul programma Mutual Rescue, leggete storie simili o contribuite raccontando la vostra su www.mutualrescue.org.

I rifugi per animali hanno bisogno del vostro aiuto. In Italia, il principale ente di protezione degli animali è l'ENPA (Ente nazionale protezione animali). Per quanto riguarda i cani, segnaliamo anche l'ENCI (Ente nazionale cinofili italiani).

Finito di stampare presso ELCOGRAF S.p.A.
Stabilimento di Cles (TN)
Printed in Italy